# トリックにはご用心！

渡る世間はダマシ・ごまかし・まやかしだらけ！



河出書房新社

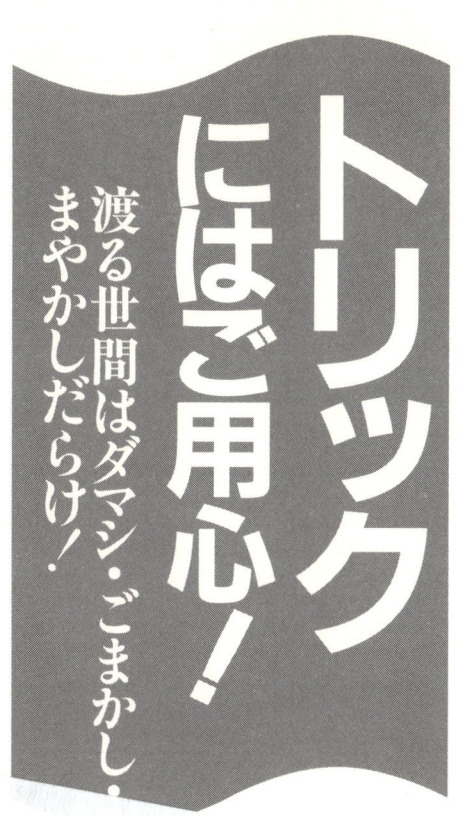

カバー＆本文イラスト●武田秀雄
本文イラスト●RICK・NISHIO
●樋口太郎
●皆川幸輝
●松永謙一
●楢　喜八
●赤塚晃則
装幀●石井理恵
協力●オフィスGEN

## あなたを欺《あざむ》く巧妙な仕掛けをバラす！●まえがき

なにげない日常生活に、しのびよる影。選挙カーから候補者名の連呼が聞こえたとき、あるいは結婚式で新郎新婦のうしろに金屏風《びょうぶ》を見たとき、はたまたシマ模様の服を着た人とすれちがったとき……。

そんなとき、あなたは知らず知らずのうちに、深謀遠慮《しんぼうえんりょ》な〝仕掛け人〟たちの術中にはまっている。それこそが「トリック」。

そのタネ明かしは本文で楽しんでいただくが、世の中には言葉、映像、数字、照明、音楽など、あらゆるツールを駆使して、あなたの目と耳をだまし、錯覚させ、心を操縦しようとするワナが満ちあふれている。



むろん、こうした巧妙なトリックの数々にまんまとひっかかって損をすれば、泣きを見るのはあなた自身である。

というわけでこの本では、世間のあちこちに仕掛けられた、意外なトリックの裏側を、一から十まで紹介した。まさに「大人のための社会の教科書」である。

大人ならば、世の中がただキレイなだけの世界ではないことはわかっているはず。世知辛《せちがら》い世間を渡っていくには、自分自身が強く賢くならなければならない。そのためには、トリックを仕掛ける側の目的を知り、対策を考えておく必要があるのだ。

本書は、あなたの周囲に張りめぐらされたトリックのワナに落ちないための、一助となることだろう。

博学こだわり倶楽部

## 1 ヨコ縞《じま》の服のほうがスリムに見えるってホント?!

▼目や耳をコロリとだます〝錯覚〟のトリック

## 2 難しい交渉をあえて夕方にする人の思惑とは？

▼思わず納得しちゃう〝話術〟のトリック



## 3 「刃渡りの術」はこのコツであなたにもできる！

▼タネも仕掛けもある〝超能力〟のトリック

## 4 大誤解を生みだす「平均値」のカラクリとは?

▼うかつに信じるとハメられる〝数字〟のトリック







## 5 体型を自由に変えられる魅惑のカメラ術とは?

▼見る者を魔法にかける〝映像〟のトリック

## 6 ▼客を見事に手玉にとる〝セールス〟のトリック
# 売れ筋商品と思わせるこれがまさかの陳列法だ！

## 7 〝別れ上手〟な男のこのヤリ口に気をつけよ!

▼相手をソノ気にさせる〝恋愛〟のトリック

## 10 なぜ100℃のサウナで火傷《やけど》しないのか?

▼身近で起こる〝不思議現象〟のトリック

# 1

▼目や耳をコロリとだます〝錯覚〟のトリック

# ヨコ縞《じま》の服のほうが スリムに見えるってホント?!

## 狭い部屋を広く見せる裏ワザ

友人のアパートを訪ねると「これが同じ六畳一間か」と驚くことがある。自分の部屋にくらべて、ずっとひろくみえるのだ。

お気づきの人も多いだろうが、部屋はちょっとしたコーディネートのちがいで、ひろくみえたりせまくみえたりする。

同じ家賃を払うなら、すこしでもひろくみせたいところ。実際、部屋がひろくみえるほうが、住んでいてストレスもたまらないという。

では、せまい部屋をひろくみせるコツはというと、まずポイントはカーテンにある。その基本は、壁と極端なコントラストができないこと。壁と同系色の薄めの色で、無地かそれに近いものを選ぶことだ。

また、窓に関係なく高い位置から床まで垂らしたほうが、ひろくみえる。

つぎのポイントは、できるだけ遠くへ視線をやれるようにすること。そのためには、入り口からもっとも近いところには、物を置かないこと。

むしろ、ポスターなどを飾って、視線を引きつける。視野がひろくなれば、それだけひろくみえることになる。

さらに、家具類の高さをそろえ、視覚的にすっきりさせる。家具がデコボコだったり、家具の上に物が置いてあると、室内で視線が落ち着かなくなり、ストレスのもとになる。

家具を置かないで、ハンモックをつるし、そのなかへ収納するのもアイデア。家具を床に置かないぶん、部屋はひろくなる。

照明も部屋をひろくみせるには重要な要素だが、もっとも避けたいのは、部屋のまんなかに照明がひとつというパターン。間接照明や、部屋の一部分だけを照らすポイント照明のほうが、部屋はひろくみえる。

## ヨコ縞の服のほうがスリムに見えるってホント?!

実際はたいしてやせてもいないのに、洋服を着るとやせてみえることを〝着やせ〟という。

これは、どうやらその人の骨格や肉づきとおおいに関係があるようなのだが、じつはもっと単純な〝着やせ〟する方法がある。

それは、ヨコ縞の服を着るということ。昔から、太った人はタテ縞の服を着るとやせてみえるとよくいうが、これはまったく逆。常識のウソである。

その答えは、ヨコの線で等分された正方形はタテ長の長方形にみえ、タテの線で等分された正方形はヨコ長の長方形にみえるというのが、心理学の教えるところなのだ。

これは〝ヘルムホルツの正方形〟とよばれる法則、ヨコ縞はヨコに広がってみえるというのは、とんだ誤解というわけである。

〈ヘルムホルツの正方形〉

## スイカに塩をふると、なぜか甘くなるワケ

料理の基本のひとつに「サ・シ・ス・セ・ソの順番」というのがある。ご存じのとおり、サは砂糖、シは塩、スは酢、セは醤油（昔は、〝しょうゆ〟を〝せうゆ〟と表記したため）、ソは味噌という、調味料を入れる順序である。なかでも注目したいのが、〝料理のトリック〟とでもいうべき塩の存在である。

お正月ならお汁粉《しるこ》にひとつまみ、夏ならスイカにひとふり、また、お弁当で楽しみなあまい卵焼きにも、ちょいと、ひとつまみ……。

子どものころ、あまい卵焼きをつくってほしいとたのんでいるのに、母親が塩を入れているのをみて、「なぜ？どうして？」と感じた経験のある人もすくなくないのではないだろうか。

その理由を科学的に説明すると、「塩の対比効果を利用した」ということになる。

〝あまみ〟の場合を例にとれば、つぎのように考えられている。

人間の「しょっぱい」「あまい」を感じる味蕾《みらい》という味覚の受容体は、「あまい」よりも「しょっぱい」を早く感じとる。

つまり、味蕾は「しょっぱい」という刺

激のあとに、「あまい」という刺激を受ける。そのため、単純に「あまい」と感じるよりも、いっそう「あまい」と感じるわけだ。

世の母親たちが、そこまで知っていてあまい卵焼きに砂糖をひとつまみ入れていたかどうか、定かではないが、母から娘へ、娘から孫へ伝えられてきた〝生活の知恵〟には「さすが」と感心させられる。

## 水平線は〝はるか彼方〟というウソ

水平線というと、〝はるか彼方〟にあるということになっている。たしかに、快晴の日、波打ち際に立って沖をみると、水平線ははるか彼方にみえる。さて、このときあなたの位置から水平線までは、どれくらいの距離があるだろう。

おそらく、多くの人は一〇キロ、三〇キロ（なかには一〇〇キロなんて人もいるかもしれない）と答えるはずだが、あなたの身長を一七〇センチとすると、東京周辺の海の場合で、じつは四キロちょっとしかないのである。

これは、いうまでもなく地球が丸いため。人間の目の高さと地球の丸さを計算すると、四キロ先は球形の向こう側になり、絶対にみえない。すなわち、その境界線が水平線というわけだ。ちなみに、海岸に高さ一〇〇メートルの展望台をつくると、水平線は三六キロも向こうにみえる。

　そういえば、アメリカ大陸を最初に発見したのは、コロンブスではなく、マストの見張り役だという、なつかしいなぞなぞもありましたな。

## 愛社精神をうえつける、企業の策略とは

有名大学の大学生の就職シーズンになると、一流企業ではあの手この手で優秀な大学生にアプローチを開始する。

　そんなとき、企業の尖兵として最初の勧誘役になるのが、入社してまもない新人たち。なぜ、中堅社員やベテランでなく、新人なのかについては、学生たちと気軽に接触できるし、学生たちもざっくばらんに話せるからといわれている。

　しかし、この新人社員獲得作戦には、じつはもうひとつ大きな目的がある。それは、勧誘役の新人たちに、愛社精神をうえつけることである。
　というのも、人間は、たとえ自分とはちがう考えでも、その考えを第三者に説明しているうちに、しだいにその考えに染まっていくからだ。
　大学生を勧誘する場合、自分の会社がいかにいい会社かを、学生に説明しなければ

ならない。

本音の部分では会社に批判的な意見をもっていたとしても、立場上、長所ばかりを強調せざるをえない。

すると、いつしか批判的な意見は消えてなくなり、本当に自分の会社はいい会社なのだと思うようになるのだ。

もちろん、もともと批判的な意見をもっていない新人は、大学生に説明しているうちに、ますます愛社精神が強まるという寸法だ。

入社してまもないころは、まだ気持ちがうわついていて、この会社に骨を埋めようなどとはなかなか思わないものだが、新入社員獲得作戦が終わるころには、彼らは立派な「会社人間」になっているというわけである。

## 結婚式の「金屏風」の意外な心理効果

結婚式を挙げる新郎新婦の背後には、決まって金屏風《きんびょうぶ》が立てられる。むろん、あの屏風は、晴れの日のふたりをよりゴージャスに際だたせるための演出である。

しかし、この結婚式の金屏風は、きらびやかな〝金色〟だから、ふたりを目立たせる効果があるというわけではない。料亭などでつかわれている地味な柄の衝立《ついたて》でも、金屏風を立てたときと、同じ効果が得られるのだ。

これは、「衝立効果」「屏風効果」といって、衝立や屏風などが背後にあると、その前にあるものがより目立ってみえるのである。

衝立や屏風の前に人が立つと、人物はちょうど写真のフレームにすっぽりとおさまったようにみえる。この「フレーム」が、ほかの人物や物を視界からカットするのである。すると屏風の前に立っている人だけが浮き上がったように、際だってみえるというわけだ。

この視覚トリックは、デパートや家電量販店でも、よくつかわれている。売りたい商品や目玉商品のうしろに、さりげなく衝立状のものを立てて、その商品が目立つように工夫されているのだ。すると、前を通りかかったお客の視界には、自然とその商品だけが飛びこんできて、思わず手に取ってしまうというわけである。

ちなみに、教会で式を挙げるときは、チャペルの後ろのほうから祭壇にむかってバージンロードが敷かれるが、あのバージンロードにも、ふたりを目立たせる効果がある。屏風効果や衝立効果と同じように、まわりとちがった敷物が敷かれると、その上に立つ人物がより目立ってみえるというわけだ。



## 選挙カーの名前の連呼は本当に効果があるのか

日本の選挙といえば、選挙カーから響いてくる候補者名の連呼がつきもの。選挙戦の序盤では、「地域に根ざした政治をめざす、○山○男でございます」という一応のキャッチフレーズが付いているが、終盤にもなると、「○山○男、○山○男を、なにとぞ、なにとぞ、よろしく」といった具合に、名前の連呼だけになってしまう。

しかし、この方法で本当に効果が上がるのだろうか？　とくに近年は、選挙カーの発する名前の連呼に、有権者から騒々しいという批判の声がでているはず……。

ところが心理学の立場からいうと、心理的に逆効果に思えるこの名前の連呼にも、「親近性効果」というものがあるという。これは、接触したり体験したりした回数の多いものほど、人は、親近感・好感を強く抱くようになる、という心理効果のこと。

人は、まったく知らないものにたいしては、恐れや不安を抱くが、何度か触れ、記憶しているものには、安心感や

親近感をもつ傾向があるのだ。

選挙においても、有権者は何度も候補者の名前を聞いているうちに、この心理効果が生じ、無意識のうちにその相手に親しみを感じるようになるという。

また、この親近性効果は、一〇回くらいまでは、聞いた回数に比例して高まる。だから、地域を何度も回り、六回、七回、八回とくり返し聞いてもらえば、効果はそれだけ大きくなっていく。では、それ以上の場合はどうだろう？

この場合、あまりしつこいと、「騒々しい」といった反感に変わると考えたほうがいい。このへんの心理につい

ても、有権者の立場に立って考えられるかどうかが、選挙の勝敗を分けるのではないだろうか。

## 下手クソな字でもうまく見えちゃう秘策

Eメールをはじめた人は、たいてい「あんなに筆不精《ふでぶしょう》だった友人たちが、Eメールでは、なんでこんなに筆まめになるの」と思うはずである。最近、会ってないけど、メールでやりとりしているという友達が増えた人も多いだろう。

しかし、これだけEメールが普及して、逆に見直されてきたのが自筆の手紙やハガキ。旅先からの絵ハガキや一枚のお礼状が、意外な効果を発揮する。

だが、もともとハガキや手紙を書かなかなかったという人には、「字が下手で」という人もいるだろう。そういう人も、下手な字をうまくみせかけるトリックを知っておけば、いざというときに役に立つ。

第一に、漢字をやや大きめに書き、ひらがなを少々小さめに書くことである。こうすれば、全体のバランスがとれ、読みやすくなり、印象がちがってくる。逆に、みかけのバランスが悪いと、よけいに字が下手にみえてしまう。

第二に、字の下線ラインをそろえること。そのために、罫線《けいせん》の入った便箋《びんせん》かライン入りの下敷きをつかうといい。

たとえば、横書きの場合、下線のラインがそろわなければ、乱雑にみえて、読みづらくなる。一方、下線ラインがそろえてあれば、それだけで読みやすくなる。

また、下線ラインをそろえて書こうとすると、それだけ丁寧《ていねい》になる。下手な字でも、丁寧に書けば相手に通じるものである。

逆に、いちばん困るのは自分勝手な字。自己流に崩したりゆがんだりしていると、他人にはなかなか判読してもらえない。

## 物の大きさを変えてしまう「だまし絵」のしくみ

人はふだん、目や耳をつかって、身のまわりの状況を知覚している。しかし、それをいちいち「いま、テレビに映っている女優をみている」「友人の声を聴いている」などと、意識しながらおこなっている人はいない。

目や耳からはいった情報は即座に脳に送られ、無意識のうちに、脳の情報処理機能によって「これは売れっ子女優の顔」「あれは友達の声」といったように、瞬時に知覚されるシステムになっている。

ところが、ときには目や耳が、情報を正しくとらえられなくなることがある。たとえば、「だまし絵」をみたときもそうだ。

一枚の画用紙に、こんな絵が描かれているのを想像してほしい。まず、遠くのほうに山々が連なり、そこから手前にむかって一本の道が延びている。

道の幅は、奥行きをだすために遠くのほうは狭く、手前にくるにしたがってだんだん太く描かれている。そして、この長く延びた道の上を、同じかたちの2台の車が、距離をあけてこちらにむかって走っているという絵である。

絵の中の車は、じつはいずれも同じ大きさに描かれている。ところが、この絵をみた人は、「後ろの車が大きい」と感じてしまうのだ。どうしてこのようなことが起きるのであろうか。ふつうであれば、2台の車の大きさを見まちがうことなどないはずである。

なぜ、このような錯覚が起きるのか。

これは、人間の脳が、目からの情報に、これまでの「実体験」から得たいろいろな情報をミックスして処理をするため、じっさいにみた物がゆがんでしまうからである。

ふだんの生活において、遠くに延びる道路が先細りになっているというのは、かなり遠方をみているときだろう。すると、同じ大きさの車なら、むろん手前を走っているほうが大きく、後ろを走っているほうが小さくみえるものだ。

ところが、だまし絵では、2台は同じ大きさに描かれているため、「後ろの車、なんだか大きくみえるな」と思ってしまうのである。

## えっ、思わずブレーキを踏んでしまう道路って？

暗い夜道をアクセル全開で走っていたら、前方におまわりさんの立っている姿がボーッと浮かび上がってみえてきた。しかし、あわててブレーキを踏むと、それはおまわりさんの人形だった。

こんな経験は、ドライバー歴の長い人なら、一度は身におぼえがあるだろう。

このおまわりさん人形のように、減速や居眠り防止をうながすために、道路に仕掛けられたトリックは、ほかにもいろいろなものがある。

たとえば、高速道路に仕掛けられた凸凹。そこを通ると、タイヤのバウンドする音が、応援団の三三七拍子のリズムに聞こえ、居眠り運転を防止するというものだ。

もうひとつ、峠道では、センターラインに細工がしてあり、踏むと大きな摩擦音がすることがある。これは、摩擦《まさつ》音でセンターライン・オーバーを知らせるというしくみである。



また、一般道でよくでくわすのが、道路についた三角の突起。スピードのでている状態で踏むと、車がポンポンと跳ねる。ドライバーは車が弾んだり、荷くずれを起こすのを嫌がるため、そこに近づくと減速するという仕掛けだ。

いっぽう、踏んでもなにも起きないのに、ドライバーが思わず減速してしまうしかけもある。「三角突起」にヒントを得てつくられた「三角シール」である。

どんなものかといえば、山形の突起の絵を白、黄色、青で塗り分けて描いたシールを、道路にならべて貼りつけただけ。ところが、青の部分が陰のように見えるぶん、白、黄色の部分が遠くからも出張ってみえ、ドライバーは目の錯覚を起こして、突起物が実在すると思いこんでしまうという仕掛けだ。

この、道路に描かれた「だまし絵」で、以前は平均時速42キロメートルで走っていた車のスピードが、31キロに落ちたというから、効果は絶大である。

しかも、一度踏んで「ちくしょう、だまされた」と思ったドライバーにも、継続的な効果があるという。

この茶目っ気たっぷりのトリックを考えだしたのは、大阪府警察本部。大阪では効き目バツグンだったこの三角シールだが、東京であまりみかけないのは、ドライバーに遊び心を解せない人が多いせいかも？

## あの世界的に有名な庭に隠されているトリック

京都の竜安寺《りょうあんじ》といえば、石庭《せきてい》で世界的に有名な禅寺。

一九七五年には、英国のエリザベス女王も訪れたことがあり、日本人だけでなく、外国人にも人気の高い観光スポットとなっている。

「禅の精神」をあらわしているとされる庭にあるのは、一五個の石と一面に敷きつめられた白砂だけ。

眺めていると、思わず「人生とはなんぞや？」と、なにやら哲学的なことを考えてしまいそうな雰囲気だ。

それはさておき、この石庭には、もうひとつ、不思議なトリックが仕掛けられている。

といっても、禅問答のような謎かけではなく、錯視、つまり目の錯覚をよぶトリックである。

石庭の広さは、東西が約二五メートル、南北一〇メートルあまりで、じつはそれほど広くはない。ところが、庭園の横にある縁側にならんだ観光客の目には、ずいぶん広く映るのである。

この秘密は、石庭の周囲を囲んでいる黒褐色の土塀にある。この土塀は、正面から庭の隅にいくにしたがって、ほんのわずかに低くなっていく。ところが逆に地面には、ゆるい上りの勾配がつけられているのである。

この説明でピンと来ない人は、長く張りめぐらされた神社の塀を想像してほしい。遠くにいくにしたがって、塀はゆるやかに下っているようにみえないだろうか。竜安寺の土塀は、この効果を狙ったもので、じっさいはそう長くなくても、長くみえるように計算してつくられているのである。

古人はなぜこのような「めくらまし」のトリックをしかけたのか。誰の手によって、いつつくられたのか、また石と砂の配置にどんな意味が込められているのかも諸説が入りまじる竜安寺。この石庭は、いまだに多くの謎に包まれている。

## インスタント食品の味を激変させる味覚トリック

長びく平成不況のなか、外食をなるべく

避け、家で食事をとる回数が増えたという人も多いだろう。とくに、ひとり暮らしの人には、今日もインスタント食品ですませてしまったという人もいるはずである。

しかし、最近は、インスタント食品にアッと驚くトリックをつかって、独自の味を楽しむことが静かなブームになっている。

たとえば、しょうゆ味のカップラーメンやチキンラーメンに牛乳を入れてみる。初めて聞く人は思わず「うっ！」と声をもらしそうなコンビネーションだが、だまされたと思って、一度、挑戦してみてほしい。まろやかな味になって、なかなかいけると評判なのだ。

これにさらに、豆板醤《とうばんじゃん》を入れるとピリ辛になる。

もともと、牛乳はチャンポンメンの隠し味につかわれている。牛乳とメン類は、もともと相性が悪いわけではないのだ。

それでも、「牛乳はちょっと……」という人は、インスタントラーメンに、XO醬を一、二滴たらすとよい。ほんのわずかで本格的な味になって、満足度が高まるはずである。

レトルトカレーには、粉末のシナモンをふりかけると、アッという間にインド風本格カレーに早変わり、六畳一間のアパートでもインド料理店で食べているような雰囲気になる。

さらに、レトルトカレーにマヨネーズを加えても、卵が入ったようでひと味変わってくる。二日連続で同じ銘柄《めいがら》のカレーを食べても、マヨネーズを加えるだけでまったく別ものに変わるのである。

カレーやビーフ風のシチューには、インスタントコーヒーを入れても味がアップする。

コーヒーの苦みとコクがぴったりマッチして、高級レストランを思い出させる味になる。

食べ慣れたインスタント食品にちょっと工夫するだけで、興味深い味覚のトリックが生まれるのである。

## シルエットに隠されたルーズソックスの秘密

細眉、ガングロ、厚底ブーツなど、爆発的にブームとなったファッションは、たいてい一〜二年で消えていくもの。しかし、ルーズソックスだけは、女子高生のあいだにすっかり定着した感がある。

このルーズソックス、一九九〇年代にはいってから登場した、新しいファッションと思う人が多いだろうが、じつは以前にも似たようなファッションが流行したことがある。一九八三年に公開された映画「フラッシュダンス」のヒットがきっかけとなって、主人公がつけていたレッグウォーマーが、若い女性のあいだでブームになったのだ。

レッグウォーマーは、靴下ではなく、筒状の布。

だから、スニーカーの上にかぶせてはくという点ではルーズソックスと異なるが、はいたときのシルエットはほとんど変わらない。

そう考えてみると、若い女性は、あのだぶだぶした太いふくらはぎのシルエットを好む傾向があるといえるのではないだろうか。いや、若い女性だけではない。中年のオジサンオバサンたちのあいだでも、ガングロや厚底ブーツはひんしゅくを買ったが、ことルーズソックスだけは、あまり非難されていないではないか。

そう、ルーズソックスは、誰からも拒否されないといえそうなのだ。

その理由は、はいたときのシルエットにある。ルーズソックスをはくと、たるんだ布が下のほうにたまり、足首がひじょうに太く見える。そのシルエットは、底辺を下にした三角形になるが、この形が人に安心感を抱かせるのだ。

視覚的にみて、ふつうの三角形は、逆三角形よりも安定した形。そのため、ルーズソックスをはいた姿に、人はなんとなく安心感や信頼感を覚えるというわけだ。

女子高生特有のセンスに支えられていると思えるルーズソックスが、一過性のブームに終わらず、定番化した事情の裏には、このような視覚的な心理トリックがあったのである。



## 女性向けのデザインに「カーブ」が多い理由

少女特有の「丸文字」というものがある。時代によって、その形に多少のちがいはあるが、一定の年齢になると、女子生徒の多くが、似たような丸文字を書きはじめる。これは、教師が教えたわけでも、親が教えたわけでもなく、成人をすぎると、この丸文字を書く女性はほとんどいなくなる。

しかも、女の子たちに、「なんで丸文字を書くの?」と聞いても、じつは、書いている本人たちもよくわかっていない。「だって、可愛いじゃん」としか答えられないのである。

いっぽう、成人女性にも同じ心理はある。女性が好む定番デザインである花柄、リボン、ハートマーク、水玉模様などは、なぜこれらのデザインが好きなのか、その理由を尋ねても、「可愛いんだもん」という答えしか返ってこないだろう。

つまり、女性は、このように「カーブ」を描くようなデザインを本能的に好むのだ。その理由は、ふたつ考えられる。

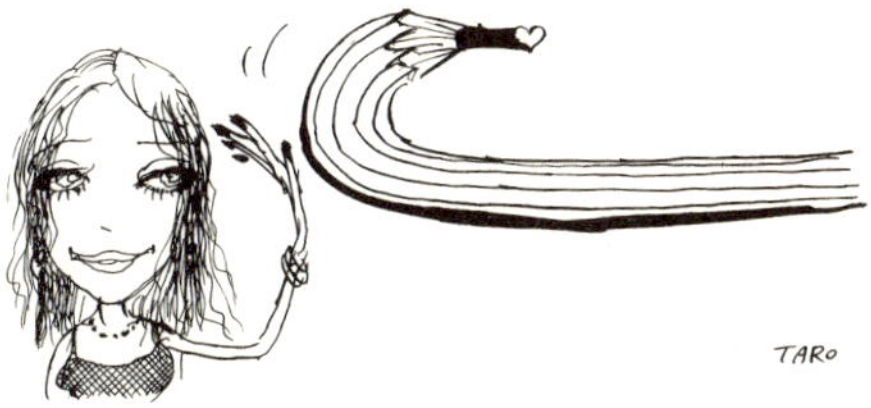


まずひとつは、女性にとって、直線や先のとがったもの、カドのあるものは、「凶器」に通じる攻撃的なイメージとうつることがある。男性にくらべて腕力の弱い女性は、たとえエンピツ一本でも、顔にむかって突きつけられれば、恐怖を感じるもの。だから、直線的な形をみると、無意識のうちに構えてしまうのである。その点、曲線はなだらかで平和的なイメージをもっているため、受け入れられやすいといえる。

もうひとつ、女性の身体は、肩から胸、ウエストからヒップ、脚につづくすべてのラインがなだらかなカーブを描いている。そんなところも、女性が本能的に曲線のデザインを好む理由といえそうだ。

いずれにせよ、女性の「カーブ」好きは、本能の領域。女性をターゲットにした商品をつくるときは、「だって、可愛いいんだもん」といわれるような、丸みを帯びたデザインを考える必要がある。

## レストランのメニューに仕掛けられた売上アップのワナ

レストランにいくと、メニューを何枚も渡されることがある。料理メニュー、ドリンクメニュー、ワインリスト、当店おすすめのメニュー、季節限定メニュー、さらにテーブルにもスタンド式のデザートメニューが置いてあるといった具合で、多いときは三つも四つもメニューを手渡されてとまどってしまうものだ。

とはいえ、お客にとって、メニューが多いのは歓迎すべきこと。それでつい、うれしくなって隅から隅まで目を通し、「料理はこれで、ワインはこれ、あとは、せっかくだから、おすすめメニューからも一品注文してみようか？」と、注文がふえてしまいがちになる。しかし、これが、店側が仕掛けたトリックだということに、気づいている客はほとんどいないだろう。

そもそも、店には「これを売りたい」というメニューがあるものだが、メニューには、目立つ位置と目立たない位置がある。当然、売りたい商品は、客の目につくところに表示されていなければ意味がない。メニューでいちばん目立つ位置は、ブック型の場合は、開いたときの左上。ペラ一枚のメニューなら、いちばん上。店側の売りたいメニューは、その場所に書いてあることが多いのだが、一冊や一枚では、そのメニューを紹介できるスペースがかぎられている。そこで、レストランでは、メニューの冊数をふやして、それぞれの目立つ位置に売りたい品を配置して、お客の気を引こうという寸法なのである。

また、一冊しかメニューがない場合でも、目立つような工夫がこらされている。文字が太字の場合や、文字間隔が開いている、色つきの文字になっている、線で囲んであるなどの装飾が施してあるのは、「これを飲んで」「これを食べて、食べて」という店側のシグナルなのだ。

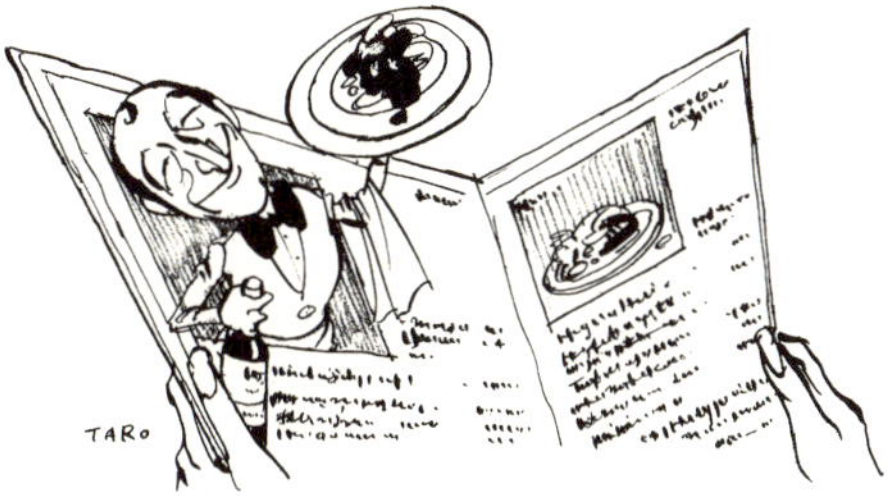


もちろん、これは「メニューのトリック」といっても、「客から高い金をぼったくろう」という悪意のあるものではない。むしろ、その逆で、店の自信作だったり、名物料理であることが多いから、積極的にトリックにひっかかってみるのも悪くはない。

## ゴルフボールは見れば見るほどミスショットする?!

ヘッドアップ、スウェイ、アドレスの向きがちがう、打ち急ぎ、力の入りすぎ……いずれもゴルフでミスショットする原因といわれるものだが、じつはこれ以外に〝究極のミスショットの原因〟とでもいうべきものがある。それは、「ゴルフではボールが止まっている」という事実である。

止まっているボールなら打ちやすいと思うのは、シロウトの浅はかさ。人間の眼球の動きには、こんなトリックが隠されているのだ。

たとえば、暗闇の向こうに電球が一個ついているとしよう。その明かりをじっとみていると、だんだん揺れているようにみえてくるが、これは眼球がつねに動いているから。専門的には動態視というが、これが止まっているゴルフボールをうまく打てない理由。

つまり、ナイスショットしようとして、ゴルフボールをみつめればみつめるほど、ボールは動いてみえる。だから、ミスショットしてしまうというわけ。

もちろん、ボールをみなければナイスショット、というわけでもないのだが……。



## なぜ、沈む夕日は昼間の太陽よりも大きく見えるのか

美しい夕焼けのなか、沈みゆく夕日はなぜか大きくみえる。子どものころ不思議に感じた人もすくなくないだろう（大人になっても不思議に思っている人が多い？）。

じつはこれ、目の錯覚なのである。

ふつう、空をイメージするとき、半球型をイメージする。しかし、実際に人間が空をみたとき、脳はやや深めのお皿を伏せたようなものに感じている。これは人間の視野が、上下よりも水平方面に広いためで、たとえば、本当は丸いものでもつぶれた形

に感じてしまうという（実際、正方形をフリーハンドで描いたとき、ほとんどの人はヨコの長さをタテより長く描いてしまう）。

この伝でいうと、太陽が自分の目線の正面（水平線に近いところ）にあるときのほうが、真上にあるときよりも、大きく感じるのである。

さらに、日中、空には太陽と比較する対照物がないため太陽はたいして大きくはみえないが、夕方は地上の建物や木が対照物になる。そのため、大きくみえるというわけだ。

## あなたのモノは本当に他人のモノより小さいのか

男子たるもの、一度は「自分のは他人のソレより小さいのではあるまいか」という不安にさいなまれるものである。

たとえば、修学旅行先の宿で風呂に入る。で、はじめてクラスメートのそれを間近にみたあと、あらためて自分のソレを見下ろすと、「ああ、やっぱりオレのは小さい」――。

しかし、全国の悩める男性たちよ、安心されたい。あなたのはけっして小さくない。小さいと思ってしまったのは、じつは、つぎのようなちょっとしたトリックのせいなのだ。

そのトリックとは、隣人のソレは正面からみた正規の長さであるのに対し、自分のそれは真上から見下ろした仮の長さだということである。下に向かって垂れた自分のソレは、短くみえて当然なのだ。

ちなみに、日本人の平均〝チン長〟は、

平常時で長さ七・四センチ、勃起時で一二・七センチ。かりにそれ以下でも、女性のナニの深さは七・九センチというから、ほとんどの男性は、心配無用なのである。

## ビデオで見るより映画館がやっぱりおもしろいわけ

最近では、映画は映画館よりも、自宅でビデオやDVDでみるという人がすっかり多くなったが、映画はやっぱり映画館でみたほうがおもしろいのだという話を紹介しよう。

それは、映画館のほうが画面が大きく、音もいいという、あたりまえの理由のせいだけではない。映画館には、観客という、自分以外の人間が大勢いるからなのである。



なぜ、観客が大勢いると映画はおもしろいのか。それは、人間はだれしも〝ボディーゾーン〟という、いわば個人的な縄張りをもっており、そのボディーゾーンを他人に侵されると、緊張したり興奮したりするからなのである。

つまり、映画館に入ったとたん、あなたは前後左右の観客にボディーゾーンを侵《おか》されることで、ちょっとした興奮状態になっている（暗いという単純な理由もある）。で、そんな状態でみる映画は、ひとりでみるときよりも、ずっとおもしろく感じられるというわけだ。

同じロックミュージックでも、ひとり、部屋のステレオやウォークマンで聴いているときより、東京ドームのコンサートにでかけたときのほうが、ずっと興奮するし、ノリがいいもの。

たくさんの観客を想定したエンターテインメントは、やっぱり大勢で楽しんだほうがおもしろいのだ。

## えっ、悲しいときこそ悲しい曲がいい?!

悲しいことがあったときは、陽気な曲を聴く。こんなときに美空ひばりの『悲しい酒』や、マイルス・デイビスのむせび泣くようなトランペットなどを聴いては、いよいよ悲しくなるにちがいない——。

というのは、シロウトの浅はかさというものらしい。というのも、アメリカの心理学者アルトシュトラーは、数々の実験によって、悲しいときにはそれに輪をかけた悲しい曲を聴かせたほうが、回復がはやいことを証明しているからだ。

もっとも、悲しい曲のあとは、陽気ではなやかな曲を聴かせるのだが、ともかく、アルトシュトラーは、これを「同質の原理」と名づけている。

この原理は、緊張した神経をしずめるためにはさらに神経を緊張させ、それから徐々に鎮静させるほうが効果がある、というもの。

一種の逆療法とでもいえばいいのだろうか、いわれてみれば、悲しいときに陽気な音楽など聴けば、いよいよ自分がみじめになるという理屈もわからないではない。

悲しい演歌は、いまも昔も根強い人気があるが、人は悲しいときにさらに悲しい歌を聴くことで、明日からまたやりなおせるということを、無意識のうちに知っているのかもしれない。

## 「二日酔いには迎え酒」と昔からいわれるその根拠とは

お正月の新年会からはじまって、花見、卒業、送別会、入学、歓迎会……、一二月のクリスマス、忘年会まで、一年中、お酒を飲む機会は、切れ目がない。

そして、その何度かに一度、「もう、酒はやめた」とだれもが思う「二日酔い」が待ち受けているハズ。

この二日酔いをなおす奥の手ともいうべき手段が、迎え酒。スーッとはしないまでも、とりあえず、ホッとした気分になる。

さて、この迎え酒、本当に「二日酔い」に効くのだろうか？

まず、「酔っぱらう」というのは、「酒が体内に入ったときに生成されるアセトアルデヒドによって、脳の中枢神経が麻痺《まひ》する」ことである。

二日酔いというのは、このアセトアルデヒドが、分解しきれず、翌朝まで残っている状態。

つまり、迎え酒で、覚めたように感じるのは、「気持ち悪い」と感じる神経を、麻痺させているだけにすぎない。さらに、そのとき飲んだ酒で、また、体内にアセトアルデヒドが生成されるのだから、およそ自殺行為である。

ここで話を終わりにしてしまってはちょっと無責任だから、お手軽な二日酔い対策を伝授しよう。

特効薬とはいえないが、じつは、くだものを食べるのが効果的なのである。くだもののなかのタンニンやペクチンが、血中のアルコール濃度を抑え、果糖やブドウ糖が、アセトアルデヒドの分解を促進することがわかっている。

さあ、これで、今日も安心して飲める？

## 人をコントロールできるBGMの選曲法

その日の天気や、その時々の気分でいうことや態度がコロコロ変わる人を「気分屋」という。こういう人を上司にもつとふつうは苦労をするものだが、「そんなことはないですよ」という人もいる。「気分がいいときは、いい人なんですから。要は、相手の気分をコントロールできるかどうかです」というわけだ。

たしかに、これは言えている。気分屋の上司は、気分がよければポンポンおごってくれるだろうし、ミスを報告しても、「まあ、すんだことはしかたがない」と大目にみてくれるだろう。

気分がいいときの気分屋さんは、天使のようなものなのだ。そういう状態を保つことができれば、職場もまた天国になる。しかし、本当に人の気分をコントロールすることなどできるのだろうか。

答えは、イエスである。その代表的な例がデパートやスーパーで流されているBGMだ。デパートやスーパーは、店内に流す音楽で店員やお客の気分をコントロールしているのである。

たとえば、曲のテンポ。店内がすいているときは、リズムのゆっくりした音楽を流し、お客がゆっくりと落ち着いて商品を選べるように演出する。そして、混雑してきたらテンポの速い音楽に変える。「それだけで、効果があるのか」と思うかもしれないが、これがけっこう効果的で、テンポの速い曲に変えると、店員の動きはキビキビとし、お客もあれこれ迷わなくなるのだ。

「BGMに踊らされている」というのは言いすぎだとしても、知らず知らずのうちにコントロールされているというのは事実なのである。喫茶店でも、この効果を応用しているところはすくなくない。

すいているときは「どうぞ、ごゆっくり」とのんびりした音楽をかけ、「あの客、いつまで粘《ねば》る気だ」と思ったら、テンポの速い音楽に変える。そうすると、お客も「のんびりしている場合じゃない」という気になってくるのだ。




人の気分というのは、ささいなことで変わるもの。とくに、気分屋ほどBGMに左右されやすいというから、気分屋の上司が荒れているときは心安らぐクラシック音楽でもかけてみるといい。それだけでけっこうちがうかも。

## スキー場では、なぜ誰もが美人に見えてしまうのか

スキー人口が減っている。ここのところ、週末のスキー場が、人の波で埋めつくされることはなくなっている。

それでも、ナンパ目当ての男どもが女の子との出会いを求めてやってくる。ゲレンデで、昼間のうちに声をかけ、日が沈んでからアフタースキーへと突入するのだ。

ところで、スキー場でナンパすると、後

悔することが多いといわれる。「えっ、ゲレンデで声をかけた子（かけられた人）と同一人物？」と思うほど、〝ゲレンデ美人〟〝ゲレンデハンサム〟が多いからである。スキーウエアを脱いで、あらためて顔を合わせたら、お互い「だまされた」と思うことが少なくないのだ。

まず、〝ゲレンデ美人〟が量産される理由は、カラフルなウエアにある。銀世界で、カラフルなウエアに真っ白なボアをかぶっていると、だれでも「妖精《ようせい》」にみえてしまう。また、ゲレンデでは、よほどの上級者でないかぎり、ハラハラドキドキの滑りぶりである。その様子がかわいくて、男がついイメージを膨らませすぎるのも理由のようだ。さらに、スキーをしていると、けっこう汗をかく。ポッと上気した顔は、女の子を色っぽくみせるもの。その表情にコロッとだまされることもある。

むろん逆もあって、ゲレンデで格好よくみえた男の子が、街ではダサダサということもよくある話だ。

## 鶴岡八幡宮の参道が実際より長く見える不思議

鎌倉の鶴岡八幡宮といえば、京都とならび、修学旅行先の定番スポットである。起源は康平六年（一〇六三）、源頼義が奥州を平定して鎌倉に帰ったとき、源氏の氏神を由比ケ浜にお祀りしたこと。その後、頼朝が現在の地に移したといわれる由緒正しき神社である。

という話は、ガイドさんから聞いたかもしれないが、長〜い参道を友達とぺちゃくちゃしゃべりながら歩いている修学旅行生たちの多くは、この参道に仕掛けられたトリックに気づいていないだろう。

神社に参詣する人たちは、まず若宮大路《わかみやおおじ》にでて、朱もあざやかな二の鳥居から参道にはいる。この参道は一段高くなっていて、社殿に近い三の鳥居まで、約四八〇メートルもつづいている。

この参道は「段葛《だんかずら》」とよばれているのだが、これがなぜか、入り口から奥へいくほど、道幅がせまくなっているのである。

段葛の幅は、二の鳥居の位置では四メートル、それが先へいくほど先細り、出口付近では二メートルしかない。

遠くまでつづく一本の道は、ただでさえ先が細くなっているようにみえるのに、じっさいよりも遠く長くみせるために、さらに道幅をせばめているというわけなのである。それで、二の鳥居から奥をみると、「うわあ、ずいぶん遠いな」と感じるのに、出口のほうからいま来た参道を振り返ると、「おや？ さっきほど奥行きを感じないのはなぜ？」ということになるわけだ。

要するに、「遠近法」をつかったためくらましのトリックだ。では、なぜ神社の造営者はこのようなトリックを仕掛けたのだろうか。

鶴岡八幡宮の見解は、敵が攻め入ってきたとき、「ずいぶん遠いなあ、あそこまで攻め入るのはたいへんだ」と、錯覚を起こさせるためだということだ。

天下の武将であった頼朝が、そんなことで敵をあざむけると考えたかどうか——本当のところはわかっていない。

## ふしぎなトリック遊び①

### ◉棚板は何枚あるの?

Aくんは、部屋に置く新しい本棚を、材料を買ってきて自分でつくることにしました。さっそく、棚にする板を買ってきましたが、閉店まぎわにあわてて買ってきたため、何枚買ったのかよく覚えていません。

Aくんは、これから用事があるので出かけます。Aくんが出かけているあいだ、あなたがかわりに作業をすることになりました。まず棚板が何枚あるか、数えてください。

## 解説

### ◉錯覚を利用したありえない図

右側を数えると七枚なのに、左側を数えると一〇枚もある?!　……と、悩んだ方も多いのではないでしょうか。これは、錯視図形という目の錯覚を利用したもので、実際にはありえない図形です。

下の図もそのひとつ。横の二本の線は曲がってみえますが、本当は平行に描かれた直線。

これらのように、〝もの〟の周りに線などが密集すると、その〝もの〟の正しい形を見失ってしまい、錯覚をおこすのです。



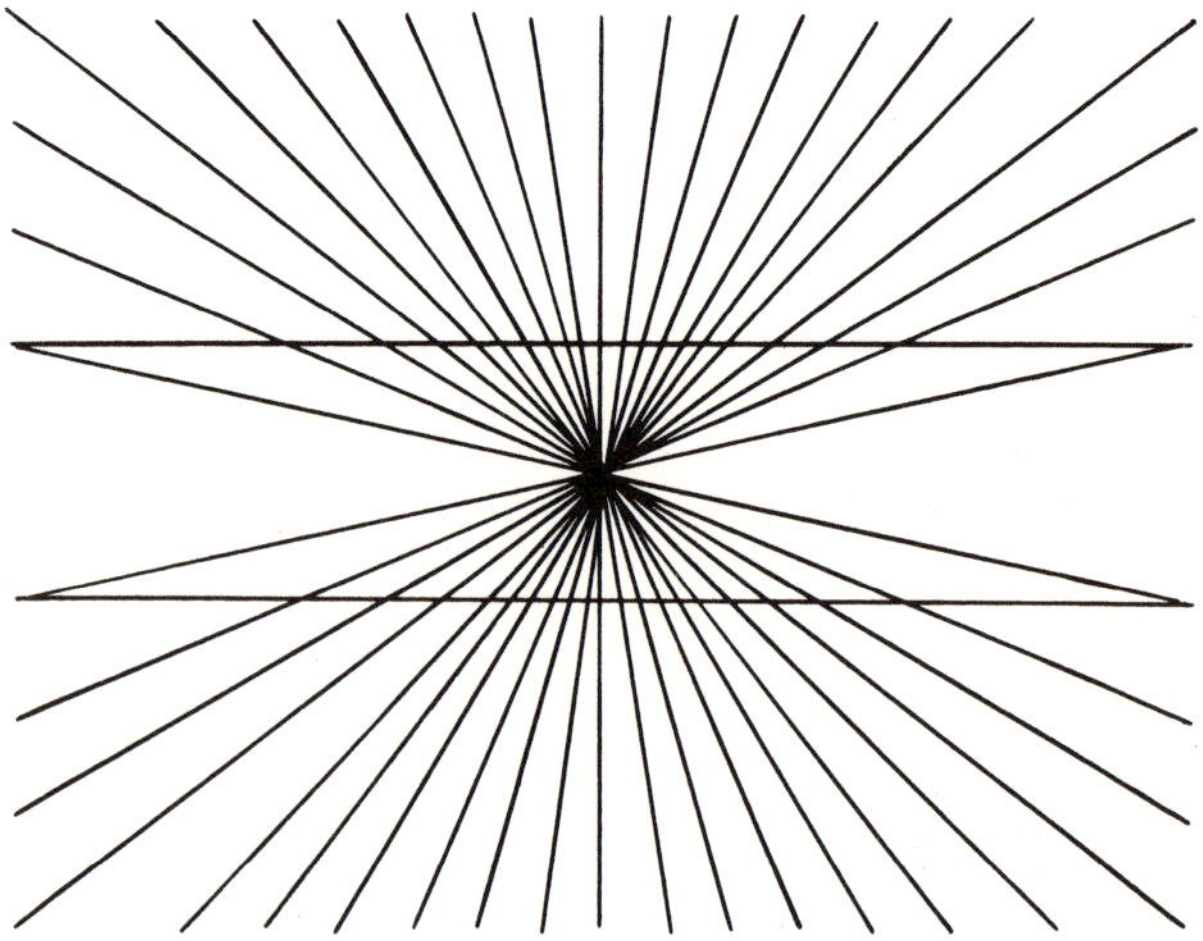

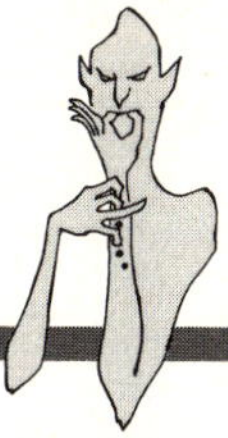

# 2

▼思わず納得しちゃう〝話術〟のトリック

# 難しい交渉をあえて夕方にする人の思惑とは?

## 難しい交渉をあえて夕方にする人の思惑とは?

「今度の交渉、うまくいくかどうか、不安だなあ」と思ったら、交渉を夕方にしてみてはどうだろう。交渉ごとは、午後三時以降のほうがまとまりやすいからである。

アメリカで、こんな実験がおこなわれた。男女五人ずつを一時間、明るい部屋と暗い部屋に入れた。すると、明るい部屋では、一〇人がいっしょになって会話が飛び交い、話題が発展していった。

ところが、暗い部屋では、はじめこそ一〇人で会話していたが、会話は盛りあがらない。やがて、人は移動しはじめ、気に入った人どうしが集まって話すようになったという。



これは男女の恋愛をイメージした実験だが、この結果を分析してみれば、ビジネスなどの交渉にも応用できるはずである。

明るい部屋では周囲がはっきりみえ、相手のいろんなところがみえてくる。そのため、恥ずかしさやためらいもでる。

だが、暗い部屋では、まわりがぼんやりとしているだけに、話している相手とだけコミュニケーションをとろうとするようになる。

つまり、明るい昼間に交渉すると、あなたの話の欠点などがよくみえ、会話ははずむが、おたがいの意見をぶつけるだけで終わりやすい。

それにくらべて、あたりが暗くなると、お互いにコミュニケーションをとろうとする意識が生まれ、交渉もまとまりやすくなるのである。

苦手な人との交渉でも、午後三時以降のほうが、ふところへ飛び込みやすい。その場合、相手のオフィスなど、相手のホームグラウンドより、外の喫茶店などへ誘いだすほうが、より相手とコミュニケーションはとりやすくなる。

## 相手に好感を抱かせる共通点のトリックって？

人間関係をうまくあやつるには、相手との「共通点」をまず探ることである。「えっ？　○×県の出身？　私もですよ」「血液型は？　あ、同じ同じ」「最寄り駅いっしょですね。駅前のラーメン屋さんおすすめですよ」

じつにたわいないことだが、こうして相手との共通点をみつけて強調し、心理的距離を縮めれば、相手に好感を抱かせるのは、そうむずかしいことではない。

なぜなら、人間というのは、「自分と似た人」には、まず敵意をもたないものだからである。

しかし、場合によっては、相手とまったく共通点がないこともある。そんなときは、相手と同じ行動をとるようにすればいい。たとえば、相手が暑いからと上着を脱いだら、「ほんとですね」といって自分も上着を脱ぐ。相手と同じ飲み物を注文するのも手だ。

さらに、何人かで議論をしているときなどは、相手に合わせるしぐさひとつで、味方をつくることができる。しぐさや行動によって相手を同調させる方法を、「ミラーイング法」というが、これは文字どおり、相手に鏡をみているような錯覚を起こさせ、自分の意思に無意識にしたがわせるというもの。

　なんだか、催眠術師のようでもあるが、こんなふうに言葉と視覚イメージの両方を駆使して、共通点をくすぐれば、好きな人に振り向いてもらえるかも。

## 敬語のウラに隠された日本人共通の思惑とは

「日本人はノーをいうのが下手だ」とよくいわれるが、これは、別に日本人が悪いわけでも何でもない。日本人同士なら、「ノー」などと角の立つことをいわなくても、ちゃんと意思が通じ合うので、日本人はそうしないだけのこと。要するに、欧米とはコミュニケーションのスタイルがちがうというだけの話だ。

　たとえば、女の子をデートに誘って、「考えておくわ」といわれたとしよう。日本では、これはノーを意味する。数日後に電話をかけて、「結論はでましたか？」とたずねるヤボな男性はいないだろう。

　政治家が「善処します」というのも同じ。これは「無理だよ」という意味。「努力します」というのは「そんなことは知らん」という意味。とにかく、相手が慎重な言葉を選べば、それだけでノーという意味になるのだ。日本では、言葉を額面どおりに受け取ってはいけないのである。

まあ、これだけでも、外国人にはわけがわからないと思うが、じっさいの日本人の会話には、これに敬語がくわわるので、さらに話はややこしくなる。

これまで、「よう、田中」「どうした、佐藤」とよび合っていた同僚が、ある日突然、「田中さん」といってきたとしたら、これは「おまえはもう友達じゃない。敵だ」という宣言になる場合もある。あるいは、いつも「こら、田中。真面目に仕事しろ」とガミガミいっていた上司が、ポンと肩を叩いて「ご苦労様」といったとしたら、「きみのような役立たずには辞めてもらう」という宣告かもしれない。

ようするに、日本語では、突然、敬語をつかったり、やさしい言葉を投げかけたりするのは、「別れ」の合図のことが多いのである。ていねいな言葉、親切な言葉には、こういう裏の意味もあるのだ。

まあ、ここまでくると外国人には理解不能だと思うが、とにかく、これが日本の文化なのである。ある日突然、彼女から「○×さん」と、さん付けで電話がかかってきたら、なにも聞かずに「わかった。元気でな」と電話を切るのが、日本の男というものだろう。

## 相手の本音を見破る言葉のテクニック

心理学の「ロールシャッハ・テスト」といえば、インクの染みのような図柄を被験者にみせ、それがなににみえるかで、その人の性格を判断するというもの。

これは、あいまいな図形に対して、人は自分の本音を投影させるという心理学の理論にもとづいた人間分析法である。この方法は、警察の取り調べでも利用されることがある。

たとえば、ある殺人事件の被疑者にあいまいな人物写真をみせ、「これがだれかわかるか」と聞く。もし、被疑者が真犯人なら、その写真の人物を自分が殺した被害者だと思い込み、思わず目をそむけたり、動揺したりするという。

あいまいな図形だけでなく、こうした取り調べではあいまいな言葉も利用される。たとえば、犯行現場が特定できないとき、取り調べ官は被疑者に、「事件のあった○○町付近では」と、わざとちがうあいまいな町の名を口にすることがあるという。

すると、犯人は、自分がしゃべるときに、思わず「××町」と口をすべらせて正しい町の名をいってしまう。これも、あいまいな言葉に、自分の本音が投影されてしまったからというわけだ。



## ギャンブルで敵をはめるこんな心理作戦がある

麻雀やポーカーなど、人間相手のギャンブルでは、心理作戦が重要であることはいうまでもない。

以下、その道の〝通〟による作戦のあれこれを紹介しておこう。

（1）シャミセン

麻雀などで多用される。「今日はまった

くツイてない」などとグチって、相手を油断させたり、逆に「今度の手はでかいぞ」と脅かしたり。あんまりやると嫌われる。

（2）ポーカーフェース

シャミセンとはちがって、ひと言もしゃべらないいだけでなく、表情すらかえない。それだけで、相手はあなたのことを上級者だと思い、ビビる。

（3）自慢話

自分がいかにギャンブルの才能があるか、過去の経験を大げさに語る。気の小さい相手なら、それだけで萎縮し、能力が発揮できなくなる。

（4）おだて

「あなたはきっと勝つよ」「あなたにはツキがある」など、いい気分にさせて油断させる。もっとも、相手が調子にのってバカ勝ちすることもあるから、両刃の剣。

## CMのナレーションに早口のものが多い理由

高級ウイスキーや高級車のCMのなかには、ゆったりとしたナレーションがぴったりくる。一方スナック菓子などのように庶民的なもののCMには、概して早口のものが多い。

一五秒から三〇秒という短い時間のなかで、商品やその性能、おいしさなどを訴えるためには、早口になるのも無理からぬ話だとお思いの人もいるだろうが、じつはこれには隠された理由がある。

アメリカで放映されたあるオーデコロンのCMは、テニスプレーヤーが登場し、三〇秒でその商品のセールスポイントをしゃべるというものだった。しかし、実験の結果、意外な事実が判明した。このCMを、まったく内容をかえずに二四秒に縮めたところ、視聴者の記憶に残る率が三六パーセントも上昇したのである。

二割も時間を縮めれば、当然、早口になる。早口になれば、それだけ聞く人の頭のなかを通過していくスピードもはやまり、記憶されにくくなりそうなものだが、実際は逆に印象深くなったというわけ。

現代はなにごともスピードが求められるといわれるが、CMのナレーションも、そうした世相と関係あるのかもしれない。



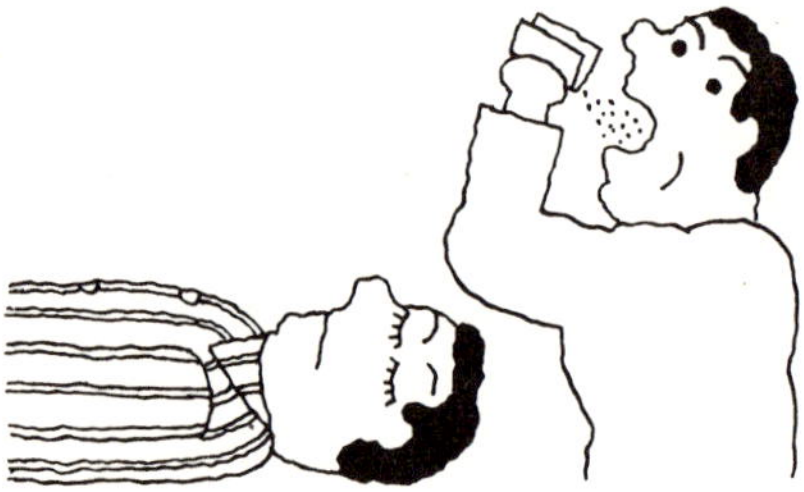

## 眠れない人をあっさり眠らせる秘策とは

不眠症というほどではないにせよ、ちょっとした不安や緊張のせいで眠れない夜というのはだれにでもある。もし、あなたのまわりにそんな人がいたら、こんなトリックを仕掛けてみてはどうだろうか。

用意するのは、小麦粉でもなんでも、一見クスリにみえるものならなんでもいい。それを特殊な睡眠薬ということにして、相手に飲ませるのである。その際のセリフはこうだ。

「このクスリを飲むと、最初はちょっと興

奮して眠れなくなるかもしれないけど、だいじょうぶ。しばらくするとグッスリ眠ってしまっているよ」

たいていの人は、これで本当にグッスリ眠れるはず。

なぜ、タダの小麦粉にこんな効能があるのか。もちろん、これは小麦粉が効いたわけではなく、あなたのいったセリフが効いたのである。

眠れない人というのは、眠れないことにあせり、それを自分のせいにしていることが多い。そのため、いよいよイライラして眠れなくなるのだが、「このクスリを飲むと、最初はちょっと興奮する」といわれたせいで、寝つかれないのは自分のせいではなく、クスリのせいだと思い込む。

そのため、自分を責める必要がなくなり、かえってリラックスできていつしか眠ってしまうというわけである。

こうした心理を、心理学では「逆偽薬効果」とよんでいる。

## つい早トチリしてしまう言葉のなぞなぞ

「街灯のない曲がりくねった田舎道を、そのクルマはヘッドライトも付けずに猛スピードで走りつづけた。しかし、なんの事故も起こさなかったのは、なぜだろう？」

こんななぞなぞがあるが、答えは運転がうまかったからでも、単に幸運だったからでもない。正解は、「昼間だったから」。

問題の文章には、「街灯のない」「ヘッドライトも付けずに」など夜を暗示させる言葉があるが、本当に夜だとはどこにも書いていない。

これが言葉を使った「ひっかけ」のなぞなぞである。では、もうひとつ。

「某テレビ局の大物プロデューサーと某アイドル歌手のあいだに子どもができた。しかし、アイドル歌手のファンには、その事実がまったくバレなかった。どうしてか？」

正解は、「そのアイドル歌手は男だったから」。

大物プロデューサーと聞いただけで男性と思い込み、アイドル歌手と聞いただけで女性だと思い込んでしまった人もいるだろうが、それは早トチリというものである。

## コンサルタントはかくしてボロもうけ

その昔、中国でひとりの金持ちが溺れ死んだ。遺族は死体をひろった男に、死体をゆずってくれるよう交渉したが、足元をみた男は法外な額を吹っかけた。

困った金持ちは、高名な先生に相談した。先生いわく。

「心配は無用。死体など、あなた以外に売るところはない」

いっぽう、金持ちが消極的になったのをみて、男は不安になって同じ先生に相談した。

「心配は無用。あなたが売らないからとい

って、ほかの死体で間に合わせるわけにはいかない」

かくして、先生は利害が対立する両者を安心させ、さらには両方からコンサルタント料をしっかりいただいたというわけ。

これは、中国の歴史書『呂氏春秋《ろししゅんじゅう》』にある説話だが、詭弁《きべん》といえば詭弁。しかしもっともな話といえばもっともである。

それが証拠に、こうした説得は、ひとりのコンサルタントがやればインチキ臭くなるが、それぞれが別のコンサルタントに相談すれば、同じことをいわれてもなにも問題はないからである。

## 借用証書を書かせる確実な方法

金を貸した相手が、金を返さないどころか、そんな金など借りたおぼえがないとシラを切る。

こんなときに借用証書があれば文句はないのだが、あいにく証書をとり忘れた。さて、どうするか……。江戸の小咄《こばなし》が、こんな知恵を授けてくれる。

金貸しの甚太郎が友人に五両貸したが、借用証書がないのをいいことに知らぬ存ぜぬの一点張り。困った甚太郎が知恵者の伯父に相談すると、彼はこんな名案を教えてくれた。

まず、その友人に「先日、ご用立てした一〇両を至急お返しください」と手紙を書く。すると、友人は「一〇両なんて冗談じゃない。借りたのは五両だ」と返事がくるにちがいない。この返事が、立派な借用証書になるという具合。いろいろと応用の利きそうなトリックである。

## お世辞をホントっぽく思わせるちょっとしたコツ

キャッチフレーズが、〝日本で二番目にうまいラーメン屋〟という店がある。本当は〝日本一〟といいたいところなのだが、そういっては、ウソっぽい。そこで、ちょっとへりくだって〝二番目〟としたところがミソだ。

キャッチフレーズの効果は上々で、店は繁盛しているというが、このラーメン屋の宣伝方法は、お世辞をホントっぽく思わせたいときにも応用できる。

たとえば、ある人間をほめるとき、その長所ばかりを思いっきりヨイショしたとする。最初はほめられた当人も気分がいいが、だんだん居心地が悪くなってくるのがふつうだろう。なぜなら、人間には長所だけでなく、短所もあるということをだれでも知っているからだ。

つまり、ラーメン屋の例でいえば、〝日本一〟といっているのと同じこと。ここはひとつ、長所を一〇いったら、短所もひとつくらいは指摘するのが、〝日本で二番目にうまい〟と同じ効果を生むわけで、これがお世辞をホントらしくみせるコツなのである。結婚式でスピーチをしなければならなくなったときなど、ぜひ参考にしていただきたい。

## いま明かされる「西南の役」の秘話

〝別の意味なのに同じフレーズ〟を当てさ

せるクイズがある。

たとえば、問題は「鎌倉へ修学旅行にきた高校生が、お土産屋さんからでてきていった言葉」と「テレホンカードで、長距離電話をかけた女性がいった言葉」。答えは「ダイブツカッチャッタ」、つまり、高校生は「大仏、買っちゃった」で、長距離電話の女性は「大分《だいぶ》、使っちゃった」というワケである。

さて、こんな楽しいクイズならいいが、じつは、こんな笑えない話がある。

一八七七年（明治一〇）、明治新政府が、鹿児島にある西郷隆盛の私学を「視察」していた二人の警部にあてて、帰還がおそいため、「ハヤク、〝シサツ〟ヲオエテカエレ」と打電した。

ところが西郷側は、その電文の「シサツ」の部分を「刺殺」と読み、新政府に対する叛意《はんい》をかためてしまったのである。

その西郷隆盛が西南の役に敗れ、自刃《じじん》して果てたのは、その年、九月二四日のことである。

## 「すべての日本人はウソつきである」はホントか

この文章を書いているのは、われわれ博学こだわり倶楽部のメンバーのひとりで、もちろん日本人である。その日本人である筆者が、「すべての日本人はウソつきである」といったとき、さて、この内容はホントかウソか？

いった本人も日本人なのだから、「すべての日本人はウソつきである」という発言もウソということになるが、だとすれば

「すべての日本人は正直者」ということにもなる。とすると、最初の前提がくずれてしまう。さて、ホントに日本人はウソつきなのか正直者なのか……。

　これは、紀元前六世紀のクレタ島の詩人エピメニデスが提示した有名なパラドックス（逆説）。このパラドックスを応用した話に、こんなものがある。

　ある国では、死刑囚に最後のひと言をいわせ、それが正しいときには斬首刑、まちがっているときは絞首刑にするきまりがある。しかし、あるとき悪知恵のはたらく死刑囚が「私は絞首刑にされる」といった。

　さて、この死刑囚はどうなったかという問題だが、男のいっていることが「正しい」とすると決まりでは斬首刑にされなければならず、絞首刑とすれば、男のいっていたことは正しいので決まりに反する。どちらにせよ矛盾してしまうのだ。

　結局、どちらの刑にしてよいか判断がつかず、この死刑囚は無罪になったというのがオチである。

## えっ、「飛んでいる矢は止まっている?!」

　パラドックス＝逆説。辞書には「一見矛盾しているように見えるが、よくよく考えてみるとそれなりの根拠がある、もっともらしい説」などと書いてある。一種の言葉のトリックといえようか。

以下に紹介するのは、史上もっとも有名とされる〝ゼノンのパラドックス〟のうちの代表的なふたつ。これは、古代ギリシャの哲学者アリストテレスが、同じ哲学者ゼノンが提示したパラドックスとして自著のなかで紹介しているものだ。

（1）「アキレスは亀に絶対に追いつくことができない」

これは、俊足のアキレスでも、先をいくカメには永遠に追いつけないというもの。なぜなら、アキレスがもとのカメがいたところまできたときには、カメはまたなにがしか前進している。たとえわずかな距離でもつねに先に進んでいるから、永遠に追いつくことはできないというわけ。

（2）「飛んでいる矢は止まっている」

飛んでいる矢をひじょうにこまかく区切って考えてみる。すると、矢は静止した状態にあり、静止した状態をどれだけ集めても、運動していることにはならない。すなわち、飛んでいる矢は止まっている——。

これらのパラドックスを論破するためには、時間や空間の概念を明らかにする必要があるが、それは読者におまかせしたい。

## 〝親殺しのパラドックス〟の答えは？

SF小説の世界で、永遠の謎といわれるものに〝親殺しのパラドックス〟といわれるものがある。

これは、タイムマシンに乗って過去にい

き、そこで自分の親を殺すと自分はどうなるか、というもの。

親を殺せば、自分が生まれてこない。自分が生まれてこなければ、過去にいって親を殺せない。親が殺せないなら、自分は生まれてくる。生まれてくれば、親殺しにいける……。

この難問には、これまでもたくさんのSF作家が挑戦してきたが、その回答を分類すると、つぎの三つになる。

(1) 親を殺そうとすると邪魔が入るなど、運命のいたずらでどうしても親が殺せない。

(2) 親を殺したとたんに、まったく別世界に自分がいってしまう（現在にもどってみると、自分が幽霊になっているという怖い話もある）。

さて、問題は三番目だが、父親を殺したが、自分はピンピンしているというもの。しかし、これにはちゃんとトリックが用意されている。

つまり、あとで調べてみたら、自分は母親の不義の子どもで、殺したはずの父親は本当の父親ではなかったのである。

## 部屋がふえる？魔法のホテル

まずは、つぎの文章を読んでいただきたい。

あるホテルに、10人の旅行者が泊まろう

とした。ところが、その日は宿泊の予約が多く、空き部屋は2階の9部屋しかない。

支配人は、しばらく考えてから「わかりました。なんとかいたしましょう」といい、最初の客に「Aさん、おそれいりますが、しばらくこちらでお待ちください」といい、ロビーに案内した。

そうしておいてから、彼は201号室にふたり目の客を入れ、202号室に3人目の客、203号室に4人目の客、204号室に5人目の客、205号室に6人目の客、206号室に7人目の客、207号室に8人目の客、208号室に9人目の客を入れた。

それから、ロビーにもどり「Aさん、おまたせしました。209号室にどうぞ」といった。

さて、この話にどこか矛盾はないだろうか？　あるとしたら、おかしいのはどこだろうか？　じつは、これは一九世紀の数学者ディレクレの「部屋割り論法」とよばれる古典的パズルである。

落ち着いて、よく読めば、おわかりだろうが、Aさんは、ひとり目の客と、10人目の客の「1人2役」を演じてしまっているのである。

まあ、じっさいのホテルでこんな応対をしたら、すぐにバレてしまうだろうが。

## ●民主型経営にひそむ危ない落とし穴とは

ここにふたつの会社があるとする。A社は、超ワンマン型の社長がひとりで経営方針を決定する独裁型。B社は、重役会議で慎重に議論して、経営方針を決定する民主型である。

さて、問題は、どちらの会社のほうが、海外進出など、より積極的な事業展開を進めるか、というものである。

ちょっと考えると、いかにも独裁型の会社のほうがイケイケドンドンで、〝積極経営〟を推し進めそうな気もするが、アメリカの心理学者ストーナーらが実験によって明らかにした結果は、民主型の会社のほうだった。〝積極経営〟というと聞こえはいいが、実際はリスキー（危険な）なことも多いため、民主的に決めると危険な道を選んでしまいがちな傾向は〝リスキーシフト〟とよばれている。なぜ集団で討議するとリスキーな選択をしてしまうのか。

考えられる原因は三つある。ひとつは、集団で討議すると、議論が単純化され、一見して威勢のいい意見、過激な意見が通ってしまうこと。もうひとつは、集団のなか

でリーダーシップのある人は、往々にしてリスキーな意見の持ち主が多く、参加者がその意見に引きずられるということ。そして最後は、集団で議論すると〝責任の拡散〟が起こるということである。

戦前の日本も、軍部や内閣がこうした集団討議をするうちに、戦争のドロ沼にはまっていったのだが、〝みんなで話し合う〟ことには、こうした危険が潜んでいることは、おぼえておいたほうがいい。

## 客の怒りもコントロールするクレーム処理の極意

テレビやビデオデッキ、パソコンやプリンターなどを買ったが、どうもうまく作動しない……そんなとき、お世話になるのが「お客様サポートセンター」である。とくに、最新の機器というのは、機能が複雑で、説明書を読んでも使い方がわからないということが多いものだ。

ところで、このように、にっちもさっちもいかなくなって、サポートセンターに電話するお客というのは、たいていイラついているもの。「マニュアルが不親切」「壊れているんじゃないか」といった、怒りをあらわにする人も多いという。

もちろん、メーカー側も、こうしたお客からのクレームを処理するための対応策

を、しっかり用意している。クレームの処理がまずいと、あらたなクレームを生んでしまうからだ。

クレーム処理における鉄則は、「聞き役」に徹することだ。クレームを受けたら、「はい」という相づちを打ちながら、満足のいくまでお客にしゃべらせる。というのも、不満や怒りといった感情は、なんらかの対象にむけて吐き出されると、自然に薄れていくものだからだ。

反対に、お客の話をさえぎって、説明書の該当ページを指示したり、弁明したりするのはタブーだ。お客のプライドを傷つけて、ますます反感をかってしまう。

したがって、応対者は、クレームを受けてすぐは、お客と1対9ほどの割合で話をすすめるようにする。相手の怒りのエネルギーがおさまって、冷静になったところで、この割合を9対1に逆転させ、対処法を示す。これが、お客の怒りを上手にコントロールし、円満な解決へと導く最善策だ。同じようなことは、会社の飲み会などの「無礼講」にもいえる。仕事でたまった不満を、こうした場でうまく吐き出させることは、組織の運営をスムーズにする効果が大きいのだ。

## ふしぎなトリック遊び②

### ◉切れた橋を修復して！

B子さんは仲間と登山にでかけ、突然降りだした大雨で、仲間とはぐれてしまいました。

そして、雨がやんで、視界が晴れると、大きな崖にかかっていた橋が真ん中で切れてしまっていたのです。

橋の向こう側では、仲間が心配そうに彼女を見守っています。橋をつなげて、B子さんを仲間のもとに帰してあげてください。

なお、ページを折り曲げたり、書き足したり、絵を加工してはいけません。

解説

## ◉視点をかえれば答えがでる！

無事にB子さんを救出できましたか？

ポイントは視点を変えることです。絵をかえられないのなら、自分をかえればいいのです。

B子さんと向こう側の仲間を、両目をあけてじーっとみつめ、そのまま本に顔を近づけます。

鼻が本につきそうになってくると、橋の切れた両端が近づいていくでしょう。

あとはB子さんが仲間に飛びつくのを見守るだけです。

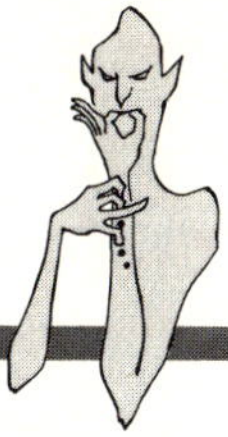

# 3

# 「刃渡りの術」はこのコツであなたにもできる！

▼タネも仕掛けもある〝超能力〟のトリック

## 壊れた時計を動かす念力トリックの真相

「時間を止める」というのは、超能力界永遠のテーマ。多くの超能力者がこの課題に挑んだが、やはり時間の壁は厚く、なかなか越えられないようだ。しかし、「時計を止めることならできる」という超能力者は山ほどいる。よくみるのが、時計にハーと息をかけて止めるというもの。

むろん、息を吹きかけて時計が止まるはずもなく、この息はカムフラージュで、時計に口を近づけるためにやっているだけ。自称超能力者は、口の中に磁石をひそませているのだ。ようするに、時計が止まるのは磁石を近づけるから。息をかけるのは、それを悟られないための演出なのである。



「私は、電池もICもつかっていない砂時計も止めることができる」という超能力者もいるが、これも原理は同じ。「砂時計なら磁石を近づけても意味がないのでは」と思うだろうが、その砂時計の砂には砂鉄がつかわれているだけのこと。だから、磁石を近づければやはり止まるのだ。

さて、時計に関する超能力で忘れてはいけないのが、一九七〇年代の超能力ブームをリードした、ユリ・ゲラーである。「家の中にある壊れた時計をテレビの前に置いてください。ユリ・ゲラーがスタジオから念力を送って動かします」という番組や、「ユリ・ゲラーが念力であなたの時計を壊します」という番組をおぼえている人は多いだろう。あれは、どういうトリックだったのだろうか。

まず、壊れた時計を動かすほうだが、ユリ・ゲラーは「時計を握りしめてください。強く、もっと強く」というようなことを視聴者に指示したが、ポイントはここにある。

時計が故障する原因はさまざまなものがあるが、ユリ・ゲラーが日本で活躍した時代に多くつかわれていたぜんまい式の時計には、歯車と歯車のあいだに油カスがたまって止まるということがよくあった。

そういう場合は、温めて油カスを溶かせば時計は動き出すわけだが、ユリ・ゲラーはこの原理を利用したのである。つまり、時計を動したのは、ユリ・ゲラーの念力ではなく、その時計を握りしめた人の体温だったというわけだ。

つぎに、時計を壊したほうだが、この番組の視聴率は一四%だったというから、そこから推定すると一〇〇〇万人はテレビの前にいたことになる。この視聴者にたいして、ユリ・ゲラーは「家中の時計をテレビの前に集めてください」と指示をしたわけだが、人にひとりが時計を用意したとしても、ざっと百万個の時計が実験に参加したことになる。ポイントは、この数だ。これだけの数の時計が集まれば、いくつか壊れるものがでてきても不思議ではない。ユリ・ゲラーはこの確率に

かけたのである。

ちなみに、この番組では「時計が壊れたら電話をください」と視聴者によびかけたのだが、放映中にかかってきた電話はわずか12本だった。むろん、司会者たちは、その数を「驚異の数字！」として大騒ぎしたわけだが……。

## テレパシーはやはり超能力なのか？

超能力者、霊能者を自任している人たちに、テレパシーについて尋ねると、「ええ、仲間同士では、よくテレパシーで会話します」なんていう答えが返ってくるもの。では本当に彼らがテレパシーをつかっているかというと、これはなんともいえない。

「じゃあ、テレパシーで話しかけてみて」と頼んでも、「受信する側にも力がないとダメ」といわれるだけ。検証できないようになっているのだ。

といっても、ウソか本当かを見分ける方法がないわけでもない。

テレパシーを信じる人たちによると、テレパシーには、大きく分けてふたつの方法があるという。ひとつは、念力のような超能力をつかって、自分の意思を相手に伝える直接的なもの。もうひとつは、いったんこの世とは異なる世界（霊界、異次元など）にアクセスし、その世界を通して相手に意思を伝えるという間接的なものである。もし、テレパシーをつかっているという人が、前者の直接的な方法をとっているといったら、これは完全なウソとみていい。この手のテレパシー芸の代表は、目隠しをした超能力者が、トランプのカードを当てるというもの。誰でも一度や二度はテレビでみたことがあると思うが、これは超能力ではなく手品の一種だ。

カードがピタリと当たるのは、会場にまぎれこんでいる仲間がなんらかのサインを送っているから。サインを送る方法はいろいろで、以前は身体のどこかに受信機をつけて、モールス信号を送るというのが一般的だったが、最近は超小型の受信機を耳につけて、カードの内容をそのまま聞いていることもあるという。

では、いったん霊界などにアクセスするという間接的な方法をとっているといわれた場合はどうかというと、これはウソとは決めつけられない。精神世界に関しては、今日の科学でも解明されていない部分がまだまだあるからだ。もっとも、ウソとはいいきれないというだけで、本当と証明されるわけでもないのだが……。

## あなたも念力で雲を消すことができる!

ここで紹介する「超能力」は、練習も特殊な装置も必要としない。もちろん、超能力もいらない。誰でも今日からできる「超能力」だ。それは、「念力で雲を消す」というワザ。雲を消す方法は、いたって簡単。晴れた日に山に登って、「よし、あの雲を消すぞー」と宣言し、なんらかの呪文を唱えるだけでいい。どういう呪文を唱えるかは好きずき。「インドの山奥で修行して身につけた技だ」といいたければ、レインボーマンのように「アノクタラサンミャクサンボダイ」と唱えればいいし、「タイムマシーンで、未来の世界にいって教わった」といいたいときは、「アタマテカテカサエテピカピカ」とでも唱えればいい。

「そんなことで、本当に消えるのか」と思うだろうが、これが百発百中で消える。「なぜ、呪文を唱えるだけで雲が消えるの」と思うかもしれないが、本当は呪文も必要ない。消えやすい雲を選びさえすれば、このワザは確実に成功するのだ。



雲にはさまざまな種類があるが、よく晴れた日の山頂に発生するのは積雲と層雲。層雲はなかなか消えないが、積雲は寿命が短く、なにもしなくても勝手に1分か2分で消えていく。だから、積雲を選んで「よし、あの雲を消すぞー」と宣言すれば、それでいいのだ。

ようするに、「念力で雲を消すワザ」は、単に積雲の性質を利用しているだけなのである。

「そんなの超能力でもなんでもないじゃないか」と思うだろうが、じっさいにこのワザでテレビ出演した超能力者もいるから、世の中はわからない。並の人間には、これを「超能力だ」ということはできないが、それができるところが、自称超能力者のすごいところとでも、考えるしかないだろう。

で、肝心な積雲と層雲の見分け方だが、これは図鑑でもみて勉強してもらいたい。超能力者になりたいのなら、せめてそのくらいの努力はしないと。

## 透視術のインチキはこのように行なわれる

超能力を装った奇術を「メンタル・マジック」というが、透視術もそのひとつ。ここでは、よくパーティなどでおこなわれる代表的な透視マジックを紹介しよう。

まず、参加者全員をいくつかの班に分ける。

つぎに、それぞれの班から代表者を選び、10人の代表者にそれぞれ紙と封筒を渡して、好きなものを書いてもらう。内容は、絵でも文章でも人の名前でもなんでもいい。

書き終わったら、自分の班の代表者がなにを書いたかを全員に確認してもらう。このとき、かならず「絶対に口にださないでくださいね」と注意をする。

全員が紙に書かれた内容を確認したら、紙を封筒に入れてもってきてもらう。そして、「透視」をしているような顔をしながら、ひとつひとつ中身を当てていくわけだが、その当て方は、以下のとおり。

まず、代表者のなかにひとり、サクラを入れておく。もちろんサクラとは、事前に打ち合わせをして「ニャロメを描く」などと決めておく。そして、各代表者から封筒を回収するとき、サクラの班のものをいちばん下にする。

じっさいの「透視」はいちばん上の封筒からはじめるのだが、ここで、「むむむ、これはマンガだな。なんだろう。目が大きい。カエルかな。いや、ちがう。ニャロメだ」と当てる。サクラのいる班からは、「透視」が成功したと、どよめきと拍手が起こる。そうしたらいちばん上の封筒を開け、本当はそこにドラえもんが描かれていても、「うん、可愛いニャロメですね」などといいながら捨てる。

そして、2番目の封筒を手にもちながら、「おや、これもマンガだ。丸いな。オバQかな。いや、ドラえもんだ」と当てていく。あとはこれをくり返すだけだ。

これが「透視術」の基本的なトリック。じっさいは透視をしているわけでもなんでもなく、一枚ずつ中身を先にみてから、当てているふりをしているわけだ。

メンタル・マジックは、手先が器用でなくてもできる奇術なので、機会があったら試してみるといいだろう。



## 「念写」はこうすれば簡単にできる

頭に思い浮かべたり、心の中で念じたことを写真のフィルムに写し出すのが念写だが、これも簡単なメンタル・マジックのひとつ。要するに、手品である。

手品としての念写のトリックは、ひじょうに簡単。たとえば、エジプトのピラミッドを念写するとしよう。その場合は、ピラミッドの写ったポジフィルムのさらに縮小させたものをカメラのレンズに貼り、空を見上げながらシャッターを押す。そうすれば、空に浮かぶピラミッドの写真が〝念写〟できる。

なにか霊のようなものがモヤモヤと写っているような念写がしたいときは、フィルムにX線かマイクロ波を照射する。

こうすれば、モヤモヤの写ったプリントができあがる。写真のフィルムは、光を当てなければ感光しないと思われているが、線やマイクロ波でもある程度は感光するのだ。これらのトリックをつかえば、誰にでも念写は可能なのである。



## 巨大なゾウはこうやれば消せる

マジックの世界には、目の錯覚を利用して、とんでもないものを瞬時に消してしまうトリックが存在する。いまから紹介するのは、脱出マジックの名人といわれた、アメリカのハリー・フーディニによる「ゾウの消失マジック」である。

マジックの手順は、まず大きな箱がステージ上に運ばれてくる。この箱には前面にカーテンがはってあり、後ろ側には開閉できる扉がついている。そこへ、マジシャンがゾウをひいて登場し、カーテンを開いて、ゾウを大箱の中へ導き入れる。

奥の扉をあけ、ゾウがはいっていることを客に確認してもらったら、いよいよマジシャンが「消えろ」の合図をだす。この号令のあとにカーテンをサッとひくと、ゾウはどこにも見当たらない、というマジックである。

巨大なゾウが一瞬で消えてしまったのだから、観客は大騒ぎである。なにかタネがあることはわかっていても、「きっと、大がかりな仕掛けがあるにちがいない」と思いこむ。

しかし、なんのことはない。じつは、この消失マジック、拍子抜けするほど単純なトリックがつかわれているのだ。

種明かしをすると、カーテンを閉じているあいだに、大きな箱の右端に仕切りをつくり、そこにゾウを入れて隠す

だけ。

この仕切りは、カーテンのかかっている前面を狭く、奥のほうは幅が広くなるように仕切られる。

こうしておいて、観客にむかって正面にゾウの頭がくるように入れれば、あの巨体がすっぽりと隠れてしまうのである。

このとき、カーテンは途中までは閉まったままなので、前面に仕切りができたことに、観客は気づかない。

いっぽう、奥の空間は狭くなっているのだが、目の錯覚で、客はおかしいとは感じないのだ。遠近法をうまく利用したトリックといえる。

もうひとつ、このマジックは、最初にゾウを「ヨコ」にしてその大きさを強調しておき、「タテ」にして隠すという点もミソ。たしかにゾウは横からみると大きいが、真正面からみれば、数分の1の幅になる。観客は、ゾウは大きいものという先入観にとらわれて、まんまとだまされてしまうというわけである。

## 割れない風船マジックの仕掛けとコツ

パンパンに空気のはいった風船に、バーベキューでつかう串を突き刺したらどうなるか？　もちろん、ふつうは割れる。ところが、サーカスのピエロや手品師が刺すと割れないことがある。あれは、どういうトリックになっているのだろうか。「串が伸び縮みするようにできている」とか「串の先が丸くなっている」と思う人もいるかもしれないが、串にはなんの仕掛けもない。その証拠に、同じ串をつかって観客が刺すとやっぱり風船は割れる。「じゃあ、特殊な風船をつかっているんだ」と思うかもしれないが、それもちがう。つかっているのは、どこにでもあるふつうの風船。特殊なテープを貼っているわけでも、特殊な薬品を塗っているわけでもない。では、どうして串を刺しても割れないのか。

このトリックのポイントは、串を刺す場所にある。ふつう、風船に串を刺すというと、風船の胴回りの部分を刺すものだが、ピエロや手品師が刺す場所はちがう。どこを刺すかというと、風船のてっぺんか、空気を入れる口の周辺である。

じっさいに空気のはいった風船をよくみるとわかるが、風船は横にふくらむようにできているので、パンパンに空気を入れても、てっぺんと空気口の部分には弾力が残っている。よって、串を刺しても割れないのである。「コロンブスの卵」のような話だが、奇術とはそういうもの。人の気がつかないことに気がつくというのが重要で、ひとつなにかを「発見」すれば、「芸」は無限に広がっていく。たとえば、この風船のトリックにしても、ふつうは手品としてみせるが、呪文を唱えれば超能力にみせることもできるのだ。

## 熱さをまったく感じずにタバコの火をつまむ術

クラブやスナックのホステスの前で披露《ひろう》する即席《そくせき》奇術に、「タバコばさみ」というのがある。

いままで吸っていたタバコを親指と人差し指の指先でつまむという技である。人差し指の先では、そのタバコは赤く燃え、煙が立ち昇っている。それでも涼しい顔ではさんだまま、一〇秒、一五秒と耐える。すると、ホステスに大ウケまちがいなしである。

ある客は、店のママともめていた若いチンピラのタバコを取りあげて、指のあいだにはさんだ。その客が、顔色ひとつ変えないのをみて、若いチンピラはスタコラと退散。店のママから大感謝されたこともある。

この技、ひと言でいえば、耐熱術《たいねつじゅつ》だが、もちろんトリックがある。そのトリックとは、事前に一片の氷を親指と人差し指でつかみ、指先の感覚をマヒさせておくことである。

やり方は、この技をする直前、ポケットのなかで一片の氷をつまんでおく。最低でも五分はそうしていたい。すると、指先がしびれるほど冷え、感覚がマヒする。そうしてから、火のついたタバコをはさんでも、三〇秒ぐらいなら熱さを感じないのである。

もっとも、指先が十分に冷えていなかったり、タバコを長くつまみすぎると、やけどをする危険もある。酔っぱらってこの技を披露するときは、とくに注意が必要である。

## 子どもだましの手口だった心霊手術のトリック

手塚治虫の名作『ブラック・ジャック』に、超能力者とブラック・ジャックが対決するというエピソードがある。もちろん、対決といっても殴り合うわけではなく、手術の腕で勝負をするのだが、このライバル役の超能力者がおこなうのが、「心霊手術」だった。

ふつう、患者の腹の中から患部を取り出すときは、まずメスで腹を開いて、患部を取りのぞき、元どおりに縫合する……という手順を踏むが、心霊手術はそうではない。メスもなにもつかわずに、ズボッと患者の腹部に手を突っこみ、患部をわしづかみにして取り出すのだ。これが本当の話なら、まさに奇跡である。

じつは、日本のテレビでも、同じような心霊手術が放映されたことがある。このとき、心霊手術をおこなったのは、フィリピン人の女性祈禱師《きとうし》。彼女は日本中が注視するなか、患者の腹から、血まみれの肉片を取り出したのだ。

この番組の成功によって、心霊手術は一大ブームとなるのだが、数年後、この女性祈禱師は、医師法違反で摘発された。手術がインチキだったことがバレたのである。

そのカラクリはきわめて単純で、彼女が患者の腹の中から取り出したと思われていた肉片は、豚や牛の肝臓だった。つまり、彼女は、豚や牛の肉を隠し持ち、それをあたかも患者の腹部から取り出したようにみせていたのである。こんな初歩的な手品に日本中がひっかかったのだから、なんとも情けない話である。

ただ、当時「彼女の心霊手術で病気が治った」という人がけっこういたのも事実だった。なぜ、手術をしてもいないのに病気が治ったのかというと、これは暗示の力といえる。

医学の世界には「偽薬効果」という言葉がある。医者が「これはひじょうに効力が高い薬です。これを飲めば、すぐに病気が治ります」というと、単なるビタミン剤を飲んだだけでも、本当に病気が治ることがあるのだ。おそらく、インチキ心霊手術にも、そういう効果はあったのだろう。

## ポルターガイストの恐ろしい正体とは

オカルト系の雑誌には、つぎのような体験談がよく載っている。「ある霊能者の家にいったときのことです。霊能者が祈禱をはじめてしばらくすると、机の上に置いてあったカップやスプーンや灰皿が、カタカタと音を立てて踊りだしました。部屋の中を見渡すと、タンスの上に立ててある皿や表彰状のはいった額縁、窓のガラス、花瓶などもカタカタと音を立てています。部屋の照明もついたり、消えたりします。そうです。ポルターガイストが起きたのです。私は急いでデジタルカメラを取り出し、なんとかこの現象を記録しようとしたのですが、なぜかカメラの電源がはいりません。携帯電話もダメでした」

にわかには信じられない話だが、これをウソと決めつけることはできない。このような現象は、世界各地で起きていることだからだ。

ただ、霊や悪魔のしわざかというと、おそらくそうではないだろう。霊や悪魔の手を借りるまでもなく、ポルターガイストはいくらでも起きうるからである。

ある研究所では、つぎのような方法で、ポルターガイストを再現している。まず、実験用の家をつくり、金属の網とアルミ箔で囲む。そして、その中で電磁波を発生させる。

こうすると、ポルターガイストと同じ現象が起きるのだ。つまり、ポルターガイストの正体は電磁波なのである。先の体験談では、デジカメも携帯電話もつかえなかったとあるが、これも電磁波のしわざと考えられる。「霊や悪魔が撮影を嫌ったから」というわけではない。

「電磁波を発生させる装置なんてなかった」という反論が聞こえてきそうだが、もともと、電磁波は自然界に存在するもの。地形や家の構造の関係と、何らかの原因でひとつの家に電磁波が集中するというのは、じゅうぶんにありえることなのだ。

「霊や悪魔のせいでないなら安心」と思った人もいるかもしれないが、それは考え直したほうがいい。ポルターガイストを放っておくと、電気製品は壊れてしまうし、火災が発生することもある。それ以前の問題として、電磁波には、脳に影響をおよぼす可能性も指摘されている。



霊や悪魔のせいでなくても、やはりこのような現象は危険なのだ。

## 心霊写真は本当に霊が写るのか?

毎日、何百枚もの写真を撮っているプロの写真家は、一日に何枚もの「心霊写真」を撮るという。

といっても、「写真家は霊感が強い」とか「写真家は呪われている」というわけではない。心霊写真とは、ある種の撮影ミスの結果。本当に霊が写っているわけではなく、カメラ操作かアングルか光の加減かなにかに原因があって、霊が写っているようにみえるだけのことだ。

だから、確率の問題で、毎日何十枚、何百枚と写真を撮影するプロのカメラマンは、日々、心霊写真（できそこないの写真）と遭遇するというわけだ。プロの写真家でもそういうミスを犯すのだから、素人ならなおさらのこと。心霊写真が多いのは、成仏できない霊が多いからではなく、撮影ミスが多いからということにすぎない。

たとえば、心霊写真の代表的なものに「知らない人の顔が写っている」というものがあるが、これは、電車の車窓から外の風景を撮れば、簡単に撮影できる。風景を撮っているだけのつもりでも、窓ガラスには前の席か後ろの席に座っている人の顔が写っているもの。それが、「知らない人の顔」の正体だ。

墓場でも、よくこういう写真が撮れるが、それは近くにいる人の顔が、墓石の表面に反射するから。つまり、写っているのは霊ではなく、墓参りに来ている人である。

「クラス全員で撮った集合写真に、去年自殺したクラスメートが写っていた」というのも定番だが、これは、その写真を大きく拡大してみればいい。「自殺したクラスメート」というのは人ちがいで、ほかのクラスの人間か、単なる通行人であることがわかるだろう。「彼の写真を撮ったら、顔にヘビのウロコのようなものが写っていました。これは、ヘビ女の祟《たた》りでしょうか。彼は一度、離婚しているのですが、以前、前の奥さんのことをヘビのように陰険な女だったといっていました」というような話もよく聞くが、このウロコの正体は、カメラのストラップ（肩掛け紐）の表面のギザギザ模様。ストラップがレンズにかかっているのに気づかずにシャッターを押すと、ヘビのウロコのように写るというわけだ。

心霊写真にはほかにもいろいろあるが、たいていはこのように簡単に説明がつく代物である。どうしても不安というときは、霊能者ではなく、プロの写真家か写真店にもっていくといい。霊能者にみせると、除霊料として何万円も取られるかもしれないが、写真家や写真屋さんは、「ハハァ、失敗しましたね」と、無料で原因を説明してくれるだろう。

一時は大ブームになり、子どもたちを震え上がらせた心霊写真だが、そのカラクリはこのようなものだったのだ。

## コックリさんの怪を分析すると…

「Aちゃんのことが大好き。心の底から愛している。なんとかこの思いを伝えたい。でも、ごめんね、私、好きな人がいるの、なんていわれたら、僕の心は傷つき、立ち直れないだろう。Aちゃん、きみの心はどこにあるんだい」と、思いつめた小学生が頼るのがコックリさん。信頼できる友人を集めて、みんなで十円玉の上に指を置き、

「コックリさん、コックリさん、お願いします。Aちゃんの好きな人を教えてくださ

い」と願うわけだが、大人でこれをやっている人はまずいないだろう。

大人がコックリさんをやらない理由は至極簡単で、コックリさんがインチキであることを知っているからだ。十円玉に狐の霊がつくなんていう荒唐無稽《こうとうむけい》な話をまともな大人が信じるわけがない。もし、会社の上層部が「誰をリストラしたらいいか、コックリさんに聞いてみよう」なんてやっていたとしたら、さっさとその会社は辞めたほうがいいだろう。

というわけで、コックリさんがインチキであることは誰でも知っているのだが、十円玉がなぜ動くのかを、ちゃんと説明できる人はあまりいない。自分の子どもがコックリさんにはまることもないとはいえないので、一応、この原理は知っておいたほうがいい。

まず、紙と十円玉を用意してもらいたい。そして、十円玉を紙の上に置いて、ペンでその位置に印をつける。そして、指を一本、十円玉の上に軽く置いて目を閉じる。こうすれば、自分では指を止めているつもりでも、ズズッと十円玉が動くことがわかるはずだ。これが、コックリさんの原理である。ようするに人間は、もともと指を一点に止めておくことなどできないのだ。「単に十円玉が動いただけでなく、グルグルときれいな円を描いたこともある」という体験をした人もいると思うが、これは一種の集団ヒステリーが原因。

こういう現象は、コックリさん以外でもよくみられることで、別に珍しいものではない。

「コックリさんをやりすぎると危険」という理由で、コックリさんを禁じている学校もあるようだが、そんなに恐れることはない。きちんと原理を説明すれば、十分なはずである。

## お宝を探し当てる ダウジングのメカニズム

ダウジングとは、地下水や鉱脈など、地面の下に埋まっているなにかを探すときにおこなわれているもの。歴史は古く、起源は古代ローマにまでさかのぼる。

ダウジングがもっとも盛んにおこなわれたのは、中世のヨーロッパだが、いまでもヨーロッパやアメリカでは日常的におこなわれており、日本でもかつて地下の水道管の水漏れ箇所を探すときなどにダウジングがおこなわれることがあった。

ダウジングの方法は、きわめてシンプル。L字型の棒を左右それぞれの手にもって歩きまわり、その棒が震えたり、向きが変わったところで、そこを掘ってみる。すると、お目当てのものが埋まっているという次第だ。

というと、「その棒になにか特殊なセンサーがついているんだ」と思うだろうが、ダウジング用の棒にはなんの仕掛けもない。むしろ、センサーになっているのは、棒をもっている人間だ。

ダウジングがもっともよくおこなわれるのは、地下水のありかを探すときだが、当然、そういう場所は他の場所よりも湿気が強かったり、温度が低かったりする。それを人間の身体が感じ取り、手にもっている棒に伝わって、棒が震えるというわけだ。

「それなら、棒なんていらないじゃないか」と思うかもしれないが、やっぱり棒は必要。湿度や温度の微妙な変化というのは、無意識のうちに感じるもので、意識的に感じることはむずかしい。そこで、手に棒をもち、身体が感じた異変を棒に伝えることで、場所を特定するのである。

だが、ただブラブラ歩いているだけでは、気が散ってしまい、なかなか気持ちが落ち着かない。

そこで、棒をもって精神を集中させるという意味もある。

これが、ダウジングの基本原理。昔は、棒になんらかの力が宿るのだと思われていたが、棒を動かしているのはあくまでも人間の力なのである。このへんはコックリさんと同じといえる。たまに、宝探しでダウジングがおこなわれることもあるが、これは単なる余興と思っていい。その宝からなんらかのエネルギーがでもでているのなら別だが、そうでなければ、棒をもっても意味はないのである。

## ミステリーサークル騒動の意外な結末

「ウソは大きいほどバレない」というが、

これはイタズラにもいえること。小さなイタズラはすぐにバレるが、大がかりなイタズラというのは、意外とバレないものである。そのことを証明したのが、ミステリーサークルだ。

ミステリーサークルが世界中で大きな話題をよんだのは一九八〇年代。一時期は、毎日のように、新しいミステリーサークルが出現し、「いったいなにが起きているのか」と騒然としたものである。

ミステリーサークルが「ミステリー」とよばれたのは、それがある日、突然、出現するもので、発生現場をみた人がいなかったからだが、このサ

ークルの用途、目的がまったくわからなかったことも、謎が謎をよぶきっかけになった。そこで、

「これまでの常識では理解できない」と、ミステリーサークルの発生原因に関しては、多くの珍説が生まれた。

もっともよく知られているのは、「UFO着陸跡説」だろう。なるほど、たしかに空飛ぶ円盤が着陸すれば、あんな形の跡が残るかもしれない。「着陸跡ではなく、宇宙人のメッセージだ」と唱える人もいた。その説の根拠は、ミステリーサークルには円の形である。ミステリーサークルには円形、ドーナツ形だけでなく、カギ形やハー

ト形、象形文字のような形をしたものなど、数多くのバリエーションがある。そこで、「これはなんらかのメッセージだ」ということになったわけだ。

ほかにも「タイムマシーンの走行跡説」「軍の秘密実験の跡説」「魔女の集会跡説」「プラズマ説」「ミニ竜巻説」「EHD（電気流体力学）説」など、さまざまな説が登場したのだが、一九九一年九月、ミステリーサークル論争は意外な形で決着した。

イギリスの老人ふたり組が新聞で「私たちがイタズラでつくりました」と告白したのだ。

「まさか、イタズラでそこまでやるとは」と誰もが驚いたものだが、当の本人たちも「まさか、ここまで大事になるとは」と思ったことだろう。



世界の七不思議のひとつとされるナスカの地上絵も、宇宙人のつくった滑走路だとか、古代人が天体観測をした跡だとか、人間と鳥がコミュニケーションをとっていた証拠だとか、いろいろな説が唱えられているが、これも深い意味はなく、単に古代人がデザインを楽しんだだけという説もある。

## 学者犬は本当に計算ができる？

「人間は考える葦である」といった哲学者がいるが、人間以外の動物がなにも考えていないというわけではない。にもかかわらず、人間だけが文明をもっているのは、「人間には物事を抽象化する力があるから」といわれている。

人間よりも猿のほうが木の実を採るのは上手だが、猿には木の実を数えることができない。「数」が抽象的な概念だからだ。物事を抽象的に捉えることができるかどうか、これが人間とほかの動物の決定的なちがいなのである。

そこで問題となるのが、「学者犬」だ。学者犬とは、たまにテレビにも登場する計算のできる犬のこと。犬には数は数えられないはず。数が数えられなければ計算ができるわけがない。ところが、学者犬には計算ができるというのだ。これはいったいどういうことなのか？

もちろん、これにはトリックがある。たしかに、学者犬に「1＋2」とか「2×3」といった計算をみせると、その答えの数字の書かれたカードをもってくるが、これは学者犬が自分で計算をしているわけではない。

計算をしているのは、パートナーの人間。学者犬は、パートナーの表情やサインをみて、どのカードが「正解」なのかを判断しているのである。学者犬のパフォーマンスをよくみていると、カードを選ぶとき、チラリチラリとパートナーのほうをみるのがわかるはず。それとなくパートナーの人間から送られるサインを確認しているのだ。

そういったサインを理解するのだから、学者犬の頭がいいのはたしか。しかし、計算ができるかというと、これは別問題。やはり、犬には計算はできないのだ。

それでも、人間が犬を仕込めば、こうした芸当ができるのは驚きである。

## 「刃渡りの術」はこのコツで あなたにもできる!

畳《たたみ》の上に置かれた刀の上を歩いてわたる「刃渡りの術」。これも、一見超人技だが、しかけを知っていれば、特別むずかしい技ではない。

その昔、甲子園常連校のある野球部で、この刃渡り術が稽古《けいこ》に取り入れられていた。精神力を養うためだったが、言い換えれば、高校生にもすぐにできる技なのである。

もともと、刃物でやわらかいものを切る場合、ただ押しつけただけでは切れない。人間の皮膚《ひふ》も同じで、押しつけるだけなら、けっこう大きな力に耐えられるのだ。

しかも、「刃渡りの術」で、刃に押しつけるのは足の裏の皮。とりわけ丈夫にできており、刃の上に平らに乗れば切れることはない。片足で乗っても一〇〇キロの体重をささえられるといわれている。

また、この「刃渡りの術」では二本の刀の上を歩く技がある。見物人の驚きは二本のほうが大きいが、じつは、刀を二本にすればそれだけ一本にかかる重さは少なくなる。

二本とも平らに乗る慎重さは求められるが、いっぽうの足の裏にかかる圧力が減るぶん、楽になるともいえる。

ただし、刃の上で足をすべらせると、皮は容易に切れる。あくまで刃に対して、平らに体重をかけるバランス感覚や集中力は重要である。だから、昔から精神力や集中力の鍛錬《たんれん》に利用されたのである。

## 行者が行なう「火渡り」の、これがカラクリ

燃えさかる火床《ひどこ》の上を、白装束《しろしょうぞく》の行者《ぎょうじゃ》が裸足で歩いていく。この「火渡り」という儀式をみると、みている者は超人技のように思えて、行者たちはさぞ厳しい修行を積んだのだろうと感心してしまう。

ところが、この火渡りの儀式はそのカラクリを知れば、だれにでもできる技であることがわかる。




まず、あの燃えさかる火床が、松の木を燃やしていることがポイントである。松の木の消し炭には、ひじょうに灰分が多いのだ。

この炭をよく固めた上に塩をまき、さらに自分の足のウラにも塩をつける。こうして強く踏みしめると一瞬火が消えかける。そして、また足を上げると火勢は強くなる。

これが、見物人には、行者たちが、さも燃えさかる火床をなにごともないように歩いているように映るのである。

行者たちが歩きはじめる直前、足のウラに塩をつけているのはこの効果を期待してのことなのだ。お清めの塩のようにみえるが、じつは熱さを防ぐためのタネなのである。

といっても、まったく熱くないわけではない。経験者によれば炎天下《えんてんか》の砂浜を歩くぐらいの熱さは感じるという。

だれにでもできるといっても、それなりの勇気と歩き方のテクニック、忍耐力《にんたいりょく》は必要である。

## ニセUFO写真はこうして撮る

UFOが実在するかどうかの議論はひとまず置くとしても、その証拠写真といわれるものにはトリック写真が多いのは事実である。

たとえば、アメリカのロドファー夫人が撮影し世界中で話題になった写真も、じつ

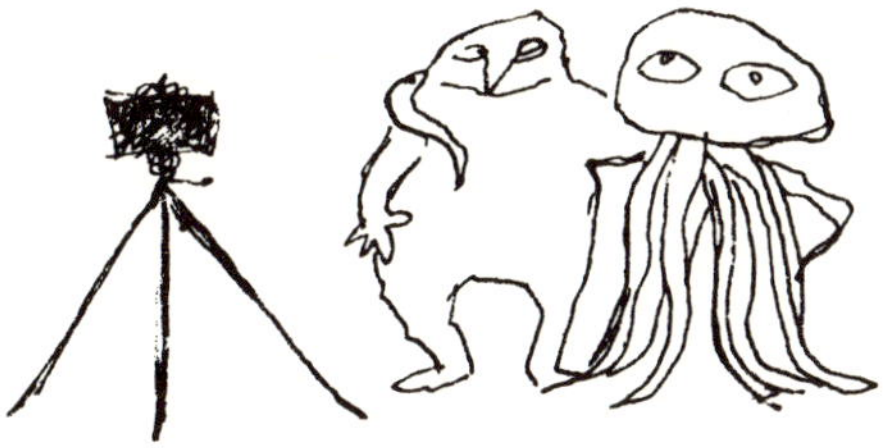

はトリックだったことが見破られている。

その写真は、いわゆるアダムスキー型の円盤が回転したり、変形したりしているようにみえた。

ところが、日本の三人の研究者によって、その写真は、ゆがんだ模型をガラスにはって撮影したものであることが明らかにされた。夫人の悪知恵も、日本人研究者には通じなかったのである。

ここまで凝《こ》ったものは、素人目にはなかなかわからないが、多くのニセUFO写真は、コツさえつかめば簡単に見破ることが可能である。

そのコツとは、構図とピントにある。や

はり、ニセ写真はどこか不自然なのである。

もともと、ニセ写真といっても、ネガに手を加えるなど、手のこんだものはそう多くない。たいていは、窓ガラスに絵をはったり、模型を糸で吊《つ》るしたり、円盤様のものを投げて撮影していることが多い。

しかし、UFOをみつけた人が、窓ガラスごしにうつすだろうか。ふつうなら、窓ガラスから身を乗り出すようにして撮影するだろう。窓ごとうつっているのは、その構図から簡単に見破られることが多い。

また、窓ガラスにはってうつすと逆光になりがちで、UFOが黒っぽくうつるのも特徴である。

さらに、模型を吊るしたり投げたりしたものは、UFOか、遠くの風景か、どちらか一方だけにピントが合っている。しかし、現実に、UFOにピントを合わせるのは困難ですぐに見破られることになる。

なかには、雑誌に掲載されたトリック写真をそうと知らずに真似て、すぐに見破られるドジなマニアもいる。

## 「降霊術」の子どもだましな仕掛け

厳密にいえば「絶対にありえない」と

は、いい切れないかもしれない。しかし、巷《ちまた》でおこなわれているもののうち、そのほとんどがニセモノといわれているのが、霊をよびだす「降霊術《こうれいじゅつ》」である。

西洋でも昔からおこなわれてきたが、ほとんどがインチキとされている。

たとえば、欧米で昔よくつかわれた方法で、霊媒師《れいばいし》を囲んで全員が手をつなぎ、部屋の明かりを消す。すると、だれも手をつかえないはずなのに、部屋のなかのものが飛んだり、動いたりする。これはよびだした霊のしわざ、という術である。

しかしこの場合、霊媒師は自分の両隣りに座っている人の手をしだいに引き寄せ、ふたりの手を重ね合わせてしまう。そうしておいて自分の手をつかい、物を投げたり、動かしたりする。

こんな単純なトリックに多くの人がだまされていたのである。

また、足の爪先《つまさき》に作りものの「霊の手」をくっつけておき、テーブルの下からだして、人々をビックリさせる霊媒師もいた。

ほとんど子どもだましでも、ある種、神秘的な雰囲気のなかでは、簡単にだまされてしまうようだ。

日本の降霊術では、霊媒師が事前に故人のまわりの話を聞いておき、霊が降りたといってから、その話を小出しにすることが多い。依頼者は事前に話したことを忘れ、「ああ、本当にあの人だ」と感動する。

これも一種の神秘状態におかれ、雰囲気にのまれてしまっているためだろう。いまのところ、降霊術は「信じる者は救われる」の世界といえそうだ。

## 「スプーン曲げ」はやはり超能力なのか

超能力現象の定番「スプーン曲げ」。

超能力を信じている人たちにいわせると、あの現象は、超能力者から放出されたなんらかのエネルギーによって起きる現象だという。しかし、超能力などハナっから信じていない人は、たんなるマジックにすぎないという。

多くのマジシャンが、超能力者のように「スプーン曲げ」をおこなうことができるのは、明白な事実である。超能力者以上に鮮やかにおこなう人も少なくない。

そのトリックは、マジシャンにいわせると、「トリック以前」というくらい簡単なもの。

その仕掛けはざっとこんなものだという。

スプーンはあらかじめ熱をくわえ、焼きなましておけば、かなりやわらかくなる。また、あらかじめ切断して、パテでつないでおくなどしておけば、手を触れずとも首を落とすことは簡単。人の視線をたくみにそらしておいて、やわらかいスプーンにすりかえてしまうことも、マジックの基本的なテクニックで可能だという。

むろん、人の見ていない瞬間をつかまえて、力でスプーンを曲げることも可能だ。

ただし、本物のスプーンは数十キロの力をくわえないと曲がらないから、〝超能力〟をおこなうには、その程度の力が必要になるという。

そのためかどうかは定かではないが、スプーン曲げを得意とする超能力者には、どういうわけかマッチョ系の人が多い。日本のスプーン曲げの第一人者だったK氏も、ボディビルで鍛えたようないい体をしていたものだ。

ちなみに、熱でスプーンを数秒のうちにやわらかくするためには、一〇〇〇度以上の熱が必要。超能力者が「気」でやわらかくしているのなら、超能力者の手が焼け焦げてしまわないのかという疑問が残る。

## 的中率八〇パーセントの色当てゲーム

このゲームは、見晴らしのいい場所なら、ビルのオフィスでも喫茶店でも、どこ

でも行なえる。

だれかに窓の外の風景を二〜三秒ながめてもらい、最初に目に入った色をあなたが当てるというゲームである。

答えは「赤」。なんと的中率は八〇パーセントというが、それにはつぎのようなワケがある。

ちょっと目を閉じていただきたい。当然、真っ暗闇になるが、明るい場所なら、闇というより全体が赤っぽくみえるはず。この赤は、まぶたに張りめぐらされた血管を通る血の色である。

人間は、このなじみのある赤という色を無意識のうちに記憶しているため、たとえながめた風景のなかに赤い色がないとしても、赤い色をみたと錯覚してしまうというわけ。




亡くなった落語家の柳家金語楼が、友人をひっかけて遊んでいたと伝えられるゲームである。

## 指一本で、大の男を立てなくさせる術

男を立てなくさせる、といっても、あっちのほうを立てなくさせるワケではない。座っている大の男を、指一本で立ち上がれなくするという意味である。

方法は、いたって簡単。イスに座っている相手の額に指を当て、ややななめに押しつけるだけでいい。

たったこれだけのことで、たぶん力士もプロレスラーも、イスから立ち上がれなくなるのだ。

というのも、人間ならどんなに力持ちの

大男でも、イスから立ち上がろうとするときにはかならず頭を少しだけ前に移動させるから。

ところが、ちょっとした力でその頭の移動ができなくなると、もうそれだけで立ち上がれなくなってしまうのだ。

子どもや女性でもできるから、お父さんを相手にやってみよう。

## 超能力者や手品師が心から恐れる人物とは

「超能力者と科学者は仲が悪い」「科学者は超能力者の天敵」と、多くの人が思っているだろうが、じっさいはそうでもないらしい。

ある手品師兼超能力者にそのへんのことを聞くと、つぎのような答えが返ってきた。

「科学者と超能力者がよくテレビで激論していますが、あれはあくまでもショーです。超能力者は、みな科学者を尊敬していますよ。トリックのヒントを与えてくれるのも、科学者ですから。科学の進歩が止まったら、超能力もネタ切れしちゃいます。それに、科学者が目を光らせているから、われわれも燃えるんです。絶対に見破られないトリックをつくってやろう、いつか鼻をあかしてやろうってね」

なるほど、たしかにそうかもしれない。反発し合う部分があれば、通じ合う部分もあるのだろう。

では、超能力者の天敵は誰かときくと、彼は「子どもです」と答えた。

「子ども相手がいちばんむずかしいんで

す。といっても、子どもが大人より鋭いからではありません。子ども相手の困るところは、人の話をちゃんと聞かないことです」

要するに、こういうことだ。手品師はマジックをするとき、「はい、ここに鳩がいます。はい、帽子に入れます。はい、帽子にはいりましたね」というように、自分の作業をひとつひとつ観客に確認していく。

この「確認話法」によって、観客の意識や注意をコントロールし、トリックにはめていくのだ。



手品を指先の技術と思っている人が多いが、じっさいは指先の技術よりも、話術のほうが重要なのである。

だから、ちゃんと話を聞かない子どもが相手だと、うまくいかないというわけだ。

「手品ならまだしも、超能力やメンタル・マジックはしゃべりが命ですから、もっとたいへんです。会場に子どもがひとりいるだけで、どっちらけになってしまうこともあります」

超能力者も、無邪気な子どもには勝てないのである。

## ふしぎなトリック遊び③

### ◉晴れ舞台に活躍できたの?

Cくんは野球の大好きな少年ですが、正直いってあまり上手だとはいえません。いつも補欠です。

ある日、練習熱心なCくんが報われる日がきました。監督が、つぎの試合に代打でだしてくれるといったのです。

ところが、当日、Cくんは試合を終えて帰ってくると、部屋に閉じこもってしまいました。

お母さんが声をかけると、Cくんは下の紙をわたしました。試合にでた結果のようです。心配しているお母さんに、結果を教えてあげてください。

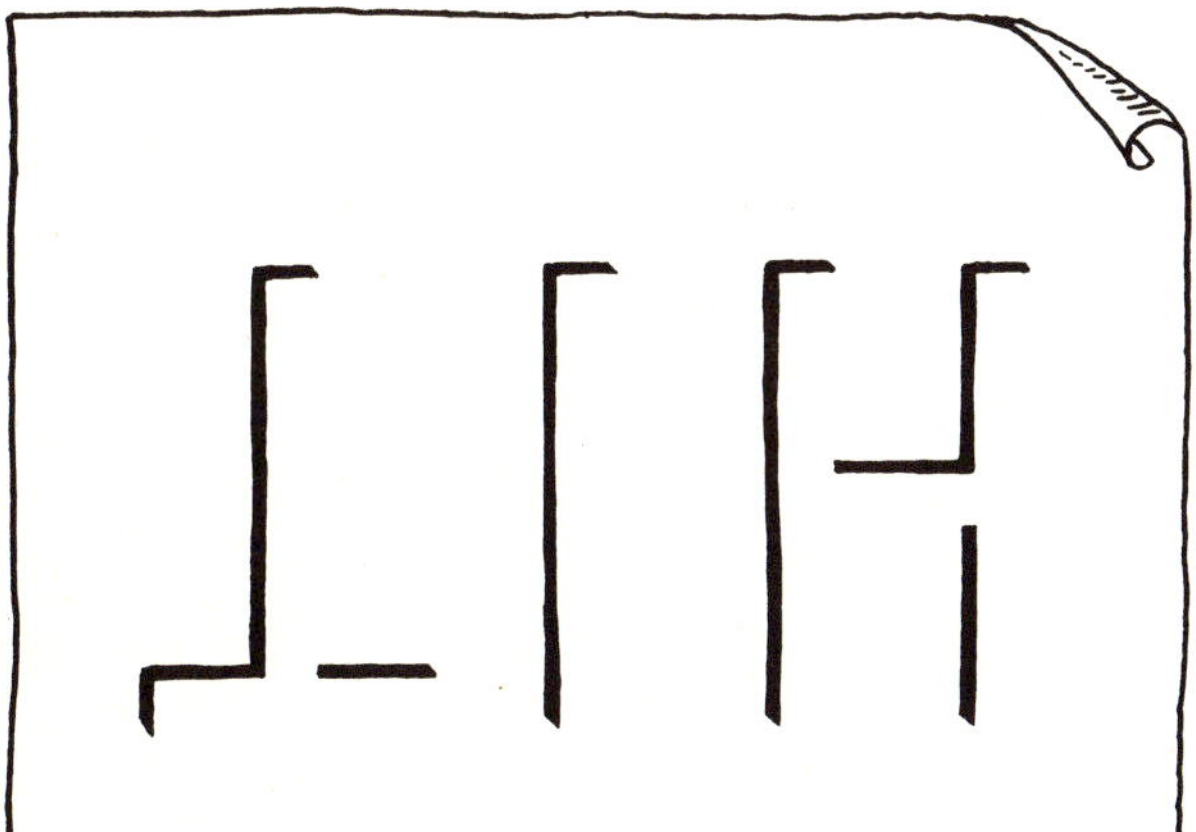

## 解説

### ◉みえないものがみえてくる?!

Cくんは打てたのでしょうか。

結果がわからない方は、黒い線をアルファベット文字の影としてみてみましょう。もうおわかりでしょう。答えは下図のとおり、ＨＩＴ＝ヒットです。

人間の目は〝もの〟の一部をみただけで、その全体像を頭のなかで、組み立てることができます。ちょっと視点をかえると、実際にはない〝もの〟でも、あるようにみえるのです。

代打で出場したCくんは、ヒットを打った喜びを、部屋でかみしめていたのでした。

# 4

# 大誤解を生みだす「平均値」のカラクリとは?

▼うかつに信じるとハメられる〝数字〟のトリック

## 大誤解を生みだす「平均値」のカラクリとは?

日本人の個人金融資産は、総額で一四〇〇兆円といわれている。これを日本の人口一億三〇〇〇万人で割ってみると、ひとり当たり一〇〇〇万円強。ということは、4人家族なら、合計で四〇〇〇万円以上の金融資産があることになる。それが、平均値だ。

これを聞いて、どう思うだろうか?「まあ、そんなもんだろう」という人もいるだろうが、圧倒的多数の人は「エッ、みんなそんなにもってるの?」と驚いたはずである。

しかし、大丈夫、安心していただきたい。これこそ「平均値のトリック」で、本当はこんな数字、平均してもあまり意味はないのだ。

平均値というと、ふつうは学校のテストの点数のようなものを思い浮かべる。これは上限が一〇〇点と決まっていて、分布のグラフもだいたい真ん中が盛り上がった「釣り鐘形」になっている。

この場合は、たしかに平均値は実感と一致するはずだ。

平均よりよかったら、「クラスでも勉強ができるほう」だし、平均点に近い点をとっていたら、「真ん中へん」だと思ってまちがいない。

ところが、分布というのは、かならずしも「釣り鐘形」ばかりではない。

たとえば、資産のように上限が決まっていない場合、つまり「もってる人はケタちがいにもってる」状態では、ごく少数の人が平均値をぐっと押し上げる。

たとえていえば、もし社員100人の会社に、ビル・ゲイツが入社してきたら、社員の平均個人資産は数百億円にも跳ね上がってしまう。

他の社員がどうであれ、ビル・ゲイツは、4兆円といわれる資産をもっているから、ひとりで平均値を桁はずれにしてしまうのだ。

こういう場合、平均値にはあまり意味がない。そのかわりに「最頻値」という数値を目安にしたほうがいいだろう。

これは、その値の人がもっとも多い、という数値だ。

こちらのほうがむしろ、「平均的な日本人」感覚に近いはずだ。



## 全く違う数に錯覚させる単位替えのテクニック

陸上のトラック競技で、もっとも距離が長いのは一万メートル走だ。競技場の中を周回するだけだが、この距離をキロメートルに直すと、一〇キロ。マラソンの約四分の一にもなる。そう考えると、ちょっと意外な感じがするのではないだろうか。

単位を変えるだけで、数字の印象はけっこう変わるものだ。たとえば、「あと一〇〇〇メートルでゴール」といわれると「もうすぐだ」と思う人でも、「一キロ先」といわれると、まだ先は長い、と感じる人が多いだろう。「都心から七〇分」といわれれば「お買い得」と思うかもしれないが、「都心から一時間一〇分」では、ずいぶん田舎じゃないか、と感じてしまう。これもすべて、単位のトリックなのだ。

　たとえば、富士山の高さは標高三七七六メートル。これはキロに直すと、わずか三・七七六キロ、そう考えると日本一もたいしたことないように思える。マラソン四二・一九五キロの一〇分の一にも満たない。マラソン選手なら、一二〜一三分で走る距離だ。これも単位のトリックである。

　ちなみに、このトリックを応用すると、こんなこともできる。一日単位で考えれば、わずか二七〇円の煙草代は、ささいな出費と思えるだろう。しかし、これを一年単位でみてみると、年間九万八五五〇円もの出費。欲しかったノートパソコンに手がとどく金額だ。そう考えれば、禁煙にははずみがつくかもしれない。

　また、逆のケースもある。ある消費者金融の金利が「日歩七・五銭」だとする。これは一〇〇円につき、一日七・五銭の利子がつくという意味。なにしろ、一円にも満たない利子だから、多少積もってもたいしたことないだろう、と考えがち。ところが、これを年利に直すと、単純計算で二七・三七五％。けっして安い利子ではない。

　単位のトリックをあまくみると、あとで大あわてすることになりがちなので、注意が必要だ。

## 消費者心理を逆手にとる高値のトリック

いま、あなたの目の前に三本のドリンク剤があるとしよう。銘柄はすべて同じ、Aは一本三〇〇円、Bは一本六〇〇円、Cは一本三〇〇〇円だ。どうしても、いますぐ元気になりたいとき、あなたはどれを選ぶだろうか？

あるいは、香水でもいい。Aは一瓶一〇〇〇円、Bは一瓶三〇〇〇円、Cは一瓶五〇〇〇円だ。今夜が勝負というとき、あなたはどれを選ぶだろうか？

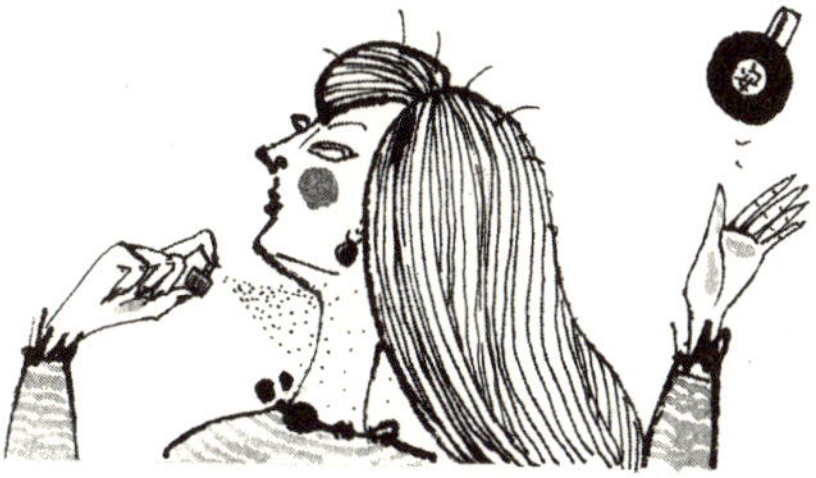

品質が価格に比例するとすれば、もちろんCが正解、ということになる。しかし、じっさいは、一本三〇〇〇円のドリンク剤は一本三〇〇円のドリンク剤の一〇倍元気になる、ということはないし、一瓶五〇〇〇円の香水は一瓶一〇〇〇円の香水の五倍「いい香り」がする、ということもない。それでも、本当にその日が勝負なら、Cを選ぶ人が多くなる。

価格には、それなりの根拠がある。それが実経済の法則だからだ。価格が高いモノは、きっとよい材料をつかっているか、手間ヒマかけてていねいにつくられたものにちがいない、そう考えて当然だ。

しかし、この法則を逆手に取れば、高い価格をつけることで、「きっと品質が最高なのだろう」と思わせることもできる。それが高値のトリックだ。

じっさい、ドリンク剤や化粧品の品質は、素人にはそうそうわかるものではないが、高値のものをつかえば、つかっている本人は、いい気分になれる。

また、クルマや時計のように目に見えるものは、まわりの人にも「高いものをつかっている」とわかって、みずからのステータスを引き上げるという効果もある。それらを期待して、人は高値の商品に飛びつくのだ。

じっさい、高級車といわれるクルマに乗っている人には、それが「値段相応の高性能だから」ではなくて、「単に価格が高いから」乗っている、という人も、けっこう多いのではないだろうか。



## 絶対に負けない賭金倍増法の仕掛けとは

競馬でもパチンコでも、「必勝法はコレだ」という類の話はゴロゴロある。しかし考えてみれば、勝ち負けがあるものをギャンブルとよぶわけだから、「ギャンブル必勝法」とは自己矛盾ではないだろうか。

だいたいそんなものがあったら、誰もが大儲けできるわけで、ギャンブルそのものが成り立たなくなってしまう。

――なんてことは、百も承知なのに、それでも「必勝法」に飛びついてしまうのが、悲しいかなギャンブラーというものなのだ。

ところが、本当に「かならず勝てる方法」がひとつだけある。丁半賭博やバカラ、ブラックジャックで、賭金倍増法をつかえばいいのだ。

　まず、最初に賭金1を賭ける。負けたら賭金を倍増して、2を賭ける。負けたらつぎは4、8、……とつづけていき、勝つまで倍々に賭けていく。そうすれば、勝ったときにはかならずプラスになっている、というわけだ。

　たとえば、オッズは2倍、1000円からはじめて、3回目に勝ったとしよう。賭金合計は3回で7000円、3回目に賭けた4000円が2倍になって戻ってくるから、8000円のバック。差し引き1000円のプラスだ。つまり、つねにいままでのマイナスを取り戻せる額の賭金を張る、という理屈。たしかにこれなら、トータルではかならずプラスになる。

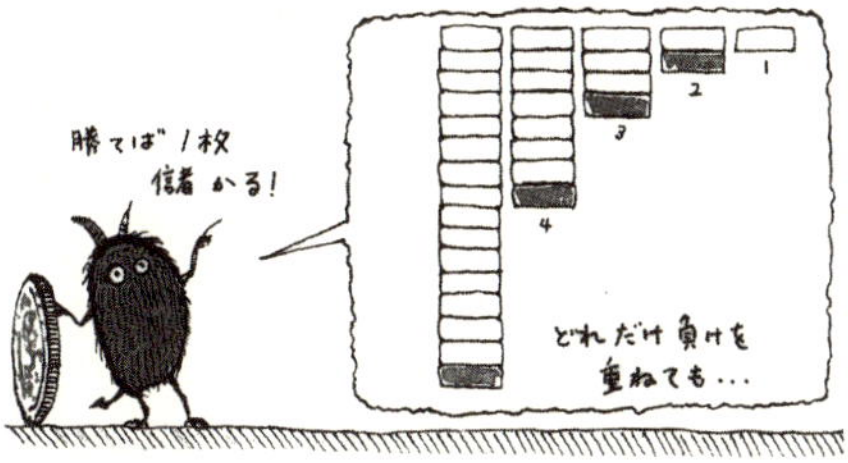


　ではいったい、なぜこの方法で勝とうとする人がいないのか。それはなんといっても資金の問題である。

　最初は1000円からはじめても、賭金はネズミ算式にふえていく。10回目の賭金は、51万2000円。1万円からはじめたら、すぐに100万円単位の資金が必要になってしまう。しかも、この方法は勝つまでつづけなければ、まったく意味がないのだ。

また、カジノでは、ふつうテーブルごとに賭金の上限が決められているため、この方法はつかえない。

そして、もうひとつ、そんなことをして面白いのか？　という問題もある。

競馬好きで知られた寺山修司は、「いままでの収支をトータルするとプラスですか？　マイナスですか？」と尋ねられると、ムッとしてこう答えたという。

「それでは聞きますが、あなたの人生はトータルすると、プラスですか？　マイナスですか？」

要は、勝つときもあれば、負けるときもある、だからギャンブルは面白い、人生だってそうじゃないか、というわけだ。たしかにそうとも言える。



## 本当は平等ではない相撲の「巴戦」のウラ

二〇〇二年サッカーW杯で、日本は予選グループ通過を果たした。もちろん、それは実力で勝ちとったものだが、グループの組み合わせに恵まれたことも否定できない。事実、優勝候補といわれたアルゼンチンは、強豪ひしめく「死の組」を引き当て、予選で敗退してしまった。スポーツの大会では、組み合わせによる不平等が、やはりつきものなのだ。

大相撲の場合、全取組を終わって三者が同成績だった場合、優勝決定戦は「巴戦《ともえ》」でおこなわれる。巴戦とは、三者で勝ち抜き戦をおこない、二連勝した者を優勝とする決定方式だ。

まず、AとBが対戦する。ここでAが勝ったとする。つぎにAとCが対戦し、Aが勝てば、二連勝なので優勝。Cが勝てば、今度はBと対戦する。ここでCが勝てば、Cが優勝。Bが勝てば、今度はA……という具合に、優勝者が決まるまで取組をつづけていく。

これなら不平等はない、三者とも等しく優勝するチャンスがある――ように思えるが、果たして本当にそうなのだろうか？

これを確率の問題として解いてみよう。

A・B・C三者の実力は等しく、対戦して勝つ確率は1／2とする。

最初の対戦をA対Bとすると、Aが二連勝して優勝する確率は、1／2×1／2で1／4。ところがここで優勝できなかったとしても、最初の一巡で三者とも一勝一敗になれば、もう一度チャンスがめぐってくる。この確率が1／8。そこからまた、1／4の確率で優勝できる可能性が残されるのだ。

つまり、Aが優勝する確率は、初項が1／4、公比が1／8の等比数列の総和で求めることができる。これを公式にあてはめて計算すると、5／14というのが、Aが優勝できる確率となる。

最初に対戦するAとBは条件が同じだから、Bが優勝する確率も5／14。したがって、残りのCが優勝する確率はつぎのようになる。

$$1-\frac{5}{14}-\frac{5}{14}=\frac{4}{14}$$

これでは、最初の対戦にでなかったCが不利になってしまうことになる。

というわけで、この巴戦という仕組みは、完全な平等ではないのだ。たとえば、Aは、最初の対戦で負けたとしても、またチャンスがめぐってくる可能性がある。しかし、Cは、最初の対戦で負けると、相手に連勝を許したことになり、その時点で優勝が決まってしまう。それだけチャンスがすくなくなるのである。

もっとも、これは勝敗が同じ確率だったらという話で、相撲はサイコロをころがしているわけではない。実力があるほうが勝つのなら、巴戦だろうが勝ち抜き戦だろうが、もっとも実力がある者が優勝する、ともいえる。そう考えれば、不平等ではないのだが。



## このトリックを見抜けば、暗算の名人になれる！

一〇ケタの数字を一〇個たし、たちどころに答えをだす。そろばんの段位でももっていないと、できない芸当だが、なに、つぎの要領でやれば、そろばんも算数も苦手だったあなたにも簡単にできる。

まず、インチキをやっていないことを証明するために、だれかに適当な一〇ケタの数字を四つだしてもらう。ただし、五つ目からは、あなたが用意するのがポイント。「いちいちだしてもらうのは面倒だから……」とかなんとかいってごまかすこと。で、一〇個書きだしたのが左の表だとしよう。

| | |
|---|---|
| | 6352491765 |
| | 7625368121 |
| | 4321591653 |
| | 8913821541 |
| | 3201421344 |
| | 3647508235 |
| | 2374631879 |
| | 5678408347 |
| | 1086178459 |
| + | 2143344321 |
| 4 | 5344765665 |

この数字の表には、じつはつぎのようなトリックが隠されている。

(1) 一段目の数字と六段目の数字は、たすと0になる（ただし、10以上の位はひとつ繰り上がるからたすと9になる）。

(2) 二段目と七段目、三段目と八段目、四段目と九段目も、たすと10になるような数字にする。

(3) 五段目と一〇段目は5以下の数字をならべ、このふたつをたし、いちばん左に4を書けば、はい答え。

要するに、何段目と何段目を組み合わせるかは自由。四つ繰り上がることをおぼえておき、実際のたし算は一回だけでいいようにしておけばよいのである。

## 選挙で選ばれた人は本当に〝我らの代表〟なのか

民主主義の根幹《こんかん》をなす制度といえば、選挙である。国会議員から小学校のクラス委員まで、選挙で選ばれた人は、「彼こそ我らの代表」ということになるはずである。

しかし、現実は……。

立候補した人が全部で七人いたとして、その意見を仮に数値であらわすと、
3、4、5、6、7、8、9
となるとする（3と9が両極の意見で、6がその中間）。

いっぽう、投票する人々は全部で一三人いて、それぞれ、
3、3、4、5、6、6、6、7、8、9、9、9、9
という意見をもっているとする。

当然、3の意見をもっている投票者は3の候補に投票するから、得票は2票。結局、当選するのは、4人の賛同者がいる9の候補ということになる。しかし、これは民意を反映しているだろうか。

もちろん、3と9のあいだをとって、6の意見をもった人が当選すればいいというわけではないのだが、少数（13人中4人）の極端な意見でも、それがあたかも〝全員の意見〟のようにみえてしまう。選挙には、こうしたトリックがあることを忘れてはならない。



## 「一割お買い得セール」にしくまれた落とし穴

ある酒屋で「一割お買い得セール」と銘打った大売り出しをはじめた。一万円の買い物をすれば、てっきり一〇〇〇円戻ってくると思った奥さんが買い物をしてみると、一〇〇〇円のかわりに一〇〇〇円のウイスキーを一本もらった。さて、この奥さんは、本当に一割得したことになるのだろうか？

酒屋の言い分はこうである。本当なら一

万一〇〇〇円分の買い物をしたのに、一万円しか払っていないのだから、一〇〇〇円の儲けがあった。一万円払って一〇〇〇円の儲けなら、当然、一割得をしたことになる――。しかし、一万一〇〇〇円払うべきところを一万円しか払わなかったのだから、九・一パーセントの得にしかならないという考え方もできる。

さらに、こうも考えられる。サービスであくまでもらった一〇〇〇円のウイスキーは八〇〇円で定価であって、酒屋の仕入れ値は八〇〇円くらいのものだろう。つまり、酒屋としては八〇〇円サービスしたにすぎず、客が得したのは八パーセントにしかならない……。

最後の考え方は、ちょっと意地悪ではあるが、さて、あなたはどの考え方に賛成だろうか。

## 誰もがハメられちゃうルーレットの目の出方

ルーレットで、赤がでるか黒がでるかは、五分と五分の確率である。しかし、一九一三年、モナコはモンテカルロのカジノで、つぎのような珍事が起き、ギャンブラーたちの財布がすっからかんになってしまったことがある。

その珍事は、黒の目が一五回もつづけてでたことからはじまった。まわりのギャンブラーは、もうそろそろ赤がでるころと、先を争うように赤の目に賭けた。しかし、そのルーレットは黒の目をだしつづける。

二〇回をすぎるころには、ルーレットの前は黒山の人だかり。今度こそ、赤がでるにちがいないと信じる人々が、いよいよ赤に賭けるようになった。

しかし、それでもまだ赤はでない。結局、そのルーレットは二七回も黒の目をだしつづけ、客たちから何百万フランも巻き上げることに成功したのである。

たしかに、一万回くらいルーレットを回せば、黒と赤の目は五〇〇〇回ずつでるのかもしれない。しかし、ルーレットは過去を記憶していないのだから、「もうそろそろ赤をだそう」などとは思わない。一回一回が五分と五分の確率で、黒が二七回つづけてでるのは、黒、赤、赤、黒、赤……というような、一見して脈絡のない出方と同じことなのである。

まあ、そうとわかっていても、そろそろ別の目がでると思いたいのが人情だが、それは自分で自分にかけるトリックといっていいだろう。



## バットは振らないほうが出塁できる?!

プロ野球では、打率もさることながら、出塁率も重要な貢献ポイントになる。四球であれ相手のエラーであれ、出塁すれば、当然ながらチャンスが広がるからだ。

だから、選球眼のよしあしも重要な素質になるわけだが、さて、あなたがバッティングのセンスも選球眼もないとして、とにかくバッターボックスに立っているだけで、どれくらい出塁できるか（四球を得られるか）を計算してみよう。

ただし、ピッチャーの投げるボールは、半々の確率でストライクとボールになるとする。

　これを計算するには、まず三振になる確率を計算し、その残りを考えたほうがわかりやすい。
（1）3球三振の確率↓2分の1の3乗で8分の1。
（2）2─1から三振する確率↓2─1になる確率は8分の3。その次の1球で三振する確率は16分の3。
（3）2─2から三振する確率↓2─2になる確率は8分の3。その次の1球で三振する確率は16分の3。
（4）2─3から三振する確率↓2─3になる確率は16分の5。その次の1球で三振する確率は32分の5。

　以上を足すと、バットを振らずに三振する確率は32分の21ということは、四球になる確率は、32分の11。なんと出塁率3割4分4厘となる！
　これならオレだってプロになれる、というのは早計。プロのピッチャーは、その気になれば、ほぼ100パーセントの確率でストライクが投げられるのだから。ただし、草野球には有効かも。

## 四〇人のクラスでは同じ誕生日の人が何人いるか

　一年は三六五日。ということは、誕生日が同じ人は三六五人に一人しかいないということになる。こうなると、たとえ四〇人のクラスでも、同じ誕生日の人がいるというのはめったにないということになりそうだが、じつはこれはウソ。このトリックは、実際に計算してみれば、トリックでもなんでもないことがわかるはずだ。

計算は、四〇人のメンバーの誕生日がみなちがう確率を求め、それを全体（1）から引くという方法である。

まず、A君とB君の誕生日がちがう確率は365分の365×365分の364、以下同じ考えで40人まで計算すると、



365分の365×365分の364×365分の363×……×365分の325＝0・109

となる。つまり、全員の誕生日がちがう確率は約10パーセント。逆にいえば、なんと約90パーセントの確率で、同じ誕生日の人がいるというわけである。こうなると、「まずひと組はいる」といっても過言ではなく、もしこれが60人のクラスなら、「ほとんどまちがいなくいる」といってもいいのである。

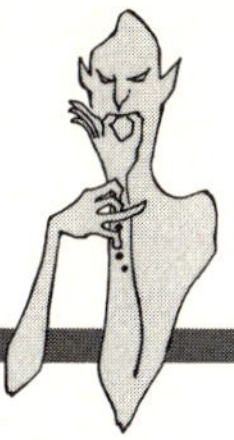

# 5

▼見る者を魔法にかける〝映像〟のトリック

# 体型を自由に変えられる魅惑のカメラ術とは?

## 雑誌の写真は「真実」を伝えていない

有名人の私生活をあばくゴシップ記事の場合、記事の内容がいくら正しくても、決定的瞬間を写した写真がなければ、その雑誌は売れない。これは、わたしたちが、写真や映像ほどたしかな記録はないと思っているためだろう。しかし、現実には、写真ほど信用できないものはないといえる。

たしかに、写真は、目の前の光景を正確に切り取ることができる。ただし、その光景は、トリミングひとつでどうにでも「料理」できてしまうものなのだ。

トリミングは、写真の中の必要な部分だけを引き伸ばし、不要な部分をカットすること。たとえば、レストランに数人が集まり食事をしている場面で、なにげなく撮られた写真を意図的にトリミングする。すると、あらびっくり、まるで若いタレントふたりが「おしのびデート」をしているシーンに仕立てあげることができるのだ。

別の写真では、まわりで笑っている人たちをカットする。すると、女性がふざけて泣いたふりをしているシーンが、あたかも恋人同士の別れの瞬間を写したもののようにみえてきてしまう。

さらに、これに「激写　ラブラブデート現場をキャッチ」「あのタレントAを泣かせた男」などという見出しをつけ、写真の下にウソともホントともとれるキャプション（説明文）を入れれば、リアリティはぐっと増す。

このように、「真実を写す」と考えられ

ている写真も、作為的にどんな「意味」の写真にも作り変えることができるのだ。しかも、写真は文字とちがい、瞬時に理解され、解釈される怖さがある。したがって、写真をみるときは、みえない部分に隠された真実を見抜く目が必要になるのだ。

## 体型を自由に変えられる魅惑のカメラ術とは?

やせたいけどやせられない、だから「せめて写真だけでも細く写りたいー」と願うのが、女心というもの。そんなけなげな女性たちに、できるだけほっそり写る撮影術というのをお教えしよう。写真というのは、レンズやアングルや光のかげんを上手に利用すれば、やせてみせたり、あるいはぽっちゃりめにみせたりすることができる。だまされたと思って、つぎの方法を試してみてほしい。

スリムにみせるワザの基本は、「体を斜めにかまえ、顔は正面を向く」こと。こうすると、体の横幅をごまかせるし、体をね

じることで、ウエストラインを強調することができる。

雑誌のモデルが、片足に重心をかけてクネクネしたポージングをするのも、同じ理屈。決め手は「ねじり」である。

では、このとき、撮影する側はどうすればいいかというと、全身がはいる位置まで下がり、カメラはやや高め（被写体の胸より上）にかまえる。こうすると、近くのものは大きく、遠くのものは小さく写るというカメラのしくみによって、体が細くみえるのである。

ただし、顔の位置までカメラを高くすると、頭デッカチになってしまうので、ほどほどに。

このほか、脚を長くみせたい場合や、ヒップや胸の豊かさを強調したい場合などは、ローアングルで撮ると効果的。カメラを低くかまえると顔も小さくできる。

以上のように、写真のなかでは、体重を減らしたりふやしたり、脚を長くしたり顔を小さくしたりといったことが、じつに簡単にできるのである。



## 小さいものを大きく写す秘密のテクニック

ある商品を売るさい、その商品が他社の競合品より大きいか小さいかということは、売り上げに大きくかかわる問題である。大きくみえることで価値が増すのは、食品、テレビ、冷蔵庫など。反対に、携帯電話やデジタルカメラといった商品、軽自動車などは、小ささが売りである。

こうした事情から、テレビCMをはじめ

とする商品広告には、サイズを誇張するための、あれやこれやのトリックが仕掛けられている。

モノを大きくみせるためのいちばん単純な方法は、低いアングルから撮影することだ。くわえて、広角レンズをつかえば、遠近感を誇張し、いっそう大きくみせることができる。このワザをつかえば、五階建てのビルを超高層ビルのように写すことだって可能だ。

この視覚のトリックは、レストランのメニューの写真にもよくつかわれている。たとえば、ステーキセットの写真というのは、まずまちがいなく手前にステーキ、奥にスープやサラダがならび、広角レンズで撮られているはずだ。人間の視覚というのは、意外に簡単にだまされるものだから、これだけのことで、ステーキのボリューム感がぐんと増すのである。

いっぽう、あるモノを小さくみせたいときは、体の大きなタレント、手の大きなモデルをテレビCMに起用すればよい。もち

ろん、あからさますぎると逆効果になるが、人間の視覚は、仕掛けがあると意識しているときでもだまされてしまうことが多いのである。

また、人間は、「タバコサイズ」や「パスポートサイズ」といった、言葉と映像の組み合わせにも弱い。無条件に「小さい」と解釈してしまうのである。

視覚にうったえかける広告には、かならずなんらかのトリックがあると思ってまちがいない。見る側は、慎重になってなりすぎることはないだろう。

## 親近感を抱かせる選挙ポスターの作り方

選挙ポスターというと、デザインもパッとしないし、地味で時代遅れな感じがつきまとっていたもの。しかし、最近では、選挙活動にマーケティング・リサーチが応用され、選挙ポスターにも、有権者の関心を引くための、さまざまな「トリック」が仕掛けられるようになってきた。

選挙ポスターにおいて、もっとも重視される要素は、当然のことながら、候補者の「名前」。たかが名前とあなどるなかれ。たった3〜5字程度の名前でも、それを縦書きにするか横書きにするか、漢字にするかひらがなにするかだけで、ポスターの印象はガラリと変わってくる。

一般に、縦書き・漢字表記は、保守・ベテランのイメージ、横書き・ひらがな表記は、革新・若手のイメージと結びつくとされている。

また、名前にどのくらいの面積を割り当

てているかも注目したい。名前を大きくして、とにかく個人の知名度アップを狙う人もいれば、政党名を大きく打ち出す候補者もいる。

では、顔写真はどうか。これは、おおむね笑顔で写っている場合が多い。やはり、有権者に親しみをもってもらうことを第一に考えているからだろう。

ただし、なかには、笑顔が似合わない人というのもいる。そういう人は、無理に笑ったりせず、硬派でしぶとそうな表情をしている。

そのほか、斜め顔で写っている人が多いのは、「未来志向」をアピールするためのことが多いし、メガネをかけるのは、真面目で実直な人柄を前面にだす戦略だったりする。

いずれにせよ、選挙ポスターには、有権者の心をつかもうとする、あの手この手の狙いが見え隠れしている。有権者は、これらのポスターの意図を見抜き、心してかからなくてはならない。

## テレビに出ず人気を得るタレントの高等戦略

タレントの人気度は、おおむねテレビの露出度に比例する。レギュラー番組が多ければ多いほど、人気は高く、逆の場合は駆けだしか落ち目のタレントということになる。しかし、テレビ出演によって存在感をアピールするタレントが多いいっぽうで、少数だが、テレビをはじめとするマスコミに露出しないことで、人気を勝ち得ているタレントもいる。歌手の宇多田ヒカルや女優の山口智子らがそうだ。

彼女たちは、歌やドラマといった「本業」の番組ですら、めったにお目にかかることがないが、人気はトップクラスである。これは、露出が抑えられていることで、世間の「見たい」「知りたい」という欲求が高まり、かえってタレント価値が高まるためだ。

もちろん、これは、しっかりしたファン層があるからこそできる戦略。あまりに露

出しすぎて飽和感を与えかねない売り方にくらべ、飢餓感をあおって価値をキープするというのは、高等な戦術だといえるだろう。

ちなみに、高級ファッションブランドも、同じようなやり方で、ブランド価値を高めている。

一流のブランドというのは、季節の変わり目のセール期にも、けっして商品の値下げをせず、高い値札をつけたまま、堂々としている。誇り高いブランドのイメージを守るため、世間一般の流れには、頑として乗らないのである。

そのくせ、頃合いをみて、「限定販売」を催す。すると、店の前には、限定品欲しさの行列ができる。

これをマスコミが取り上げれば、「あのブランドは、そんなに支持されているのか」と、さらに価値は高まっていく。

このように、商品（タレント）を、ありがたいものに思わせるには、「出し惜しみ」をするという戦略もあるのである。

## 美人をさらに美人に仕立てる撮影の魔法ワザ

映画やテレビで女優の顔をみるにつけ、ついついため息がでてしまうという女性は多い。

なにしろ、ブラウン管に映し出される女優の顔には、シミひとつ、それどころかホクロやシワ、毛穴さえもなかったりする。若いタレントならいざしらず、かなりの年齢であるはずの女優でさえそうである。

もちろん、どんなに美しい女優にも、小

ジワやシミのひとつやふたつは当然ある。素肌美人で知られる若い女優でさえ、体調がすぐれない日には肌が荒れ、ふきでものがでたりするものだ。年配の女優なら、なおさらのことである。

だから、それを隠すのが現場のプロフェッショナルたちの腕のみせどころとなる。ここで、プロが女優のシワ隠しにつかうワザを、こっそりお教えしよう。

ひとつは、メイクによるもの。目じりにできた小ジワのひとつひとつに、小筆をつかって根気よくファンデーションを塗りこみ、その上に粉おしろいをはたいて、ツルツルの肌にみせる。

肌に透明感を与えるために、水おしろい（＝化粧水とファンデーションを兼ねたもの）を好んで用いる女優もいる。

また、照明をつかってシワを飛ばす方法もある。明るい光が顔に当たれば、肌が白く美しく輝き、シワもほとんど目立たなくなる。

一般に女優は、ビッグになればなるほ

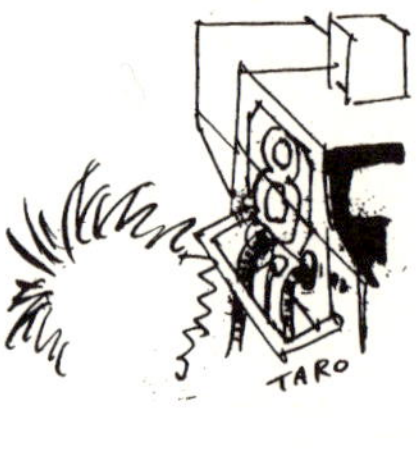

ど、顔に当てられるライトの数が多くなるという。

大物ベテラン女優ともなると、スタッフの気づかいは生半可《なまはんか》ではなく、カメラの前に紗（薄い絹の布）の幕を張り、やわらかな感じを演出するという念の入れようである。

このように、女優の美しさというのは、「特殊メイク」と「特撮」の力により、半永久的に保たれているのである。

## 「○○なドジ」を武器にするバラドルのトリック

八〇年代までは、「好きな食べ物はイチゴのショートケーキ」だとか「恋人は、私を応援してくれるファンのみなさんです」などと、おすましして答えるアイドルがいたものだが、そんな、いわゆる「正統派アイドル」はいまやほとんどいない。

いまは、どのチャンネルをみても、バラドル（＝バラエティ・アイドル）の流れをくむ、ユニークで「抜けた」ところのあるアイドルの活躍が目立つ。どうも、ドジであることが、人気者の必須条件にさえなっているようなのだ。

こうした「ドジの効果」は、つぎのような心理実験でもあきらかになっている。

実験では、被験者に、四人のフットボーラーの映像をみせて、どの選手がいちばん魅力的かをたずねた。この四人の選手は、「優秀な選手」「優秀でドジな選手」「平凡な選手」「平凡でドジな選手」というパターンに分類することができる。

その結果、被験者にもっとも魅力に映っ

たのは、「優秀でドジな選手」だった。優秀だけれども、ふつうの人と同じようにドジをするところが、大らかさや親しみやすさ、という評価に結びついたのだ。

人気者のタレントが、ドジを踏むというのも、この構図にあてはまる。だから、上手にドジをやれるタレントというのは、おおむね好感度を上げることになる。

ただ、注意したいのは、誰でもこの手がつかえるわけではないということ。前述の実験で、もっとも人気がなかったのは、「平凡でドジな選手」だったのだ。

## グラビアモデルのように目をキラキラにする方法

雑誌で活躍するグラビアモデルたちは、いつみても、パッチリと見開かれた瞳に、



キラキラの「お星さま」を浮かべている。まるで少女マンガの主人公のような目をした彼女たちに、思わず釘づけになるのは男性ばかりではないだろう。

彼女たちの瞳の「お星さま」は、レフ板に光を集め、それを目に反射させることによってつくられるもの。これに、キャッチライトをくわえると、いっそう輝きのある、うるんだような瞳を演出することができる。ところで、こうしたプロのテクニックをつかわなくても、写真にキラキラの目で写ることができる裏ワザがある。とても簡単だから、ぜひ試してみてほしい。

まず、スケッチブックなどの白い紙を用意し、大きな星形（お好みでハート形でも）に切り取る。

撮影は、日当たりのいい屋外で。モデル

になる人が星形の白い紙を手にもち、太陽を背にして立つ。

そして、陽の光をうまく白い紙に反射させ、目に当たるようにすると、あらびっくり、目の中に星形（ハート形）の光が映りこむのだ。

撮影者は、逆光と白い紙が画面にはいりこまないよう注意しながら、モデルの顔をアップで写すようにする。このとき、フラッシュはつかわないこと。フラッシュをたくと、光が強すぎて、瞳の中の星形が消えてしまうのだ。それと、白い紙から反射した光はかなりまぶしいので、長時間の撮影はしないように。

## エキストラの人数を2倍に見せかける裏ワザ

テレビ業界には、「仕出し屋」という業種がある。料理や弁当の仕出しをする人のことではない。ギョーカイ用語で「仕出し屋」といえば、テレビドラマのエキストラや、スタジオ収録の観覧者を集める業者のことをさす。

もともと演劇や映画などでは、本筋とはあまり関係ない、ちょっと登場するだけの端役を「仕出し」とよんでおり、役者の卵がその役を務めていたが、最近は「仕出し屋」「仕込み屋」とよばれる専門の業者が、大学生や主婦らに登録してもらい、番組のニーズに応じて集めるというシステムが定着している。

このエキストラなどのアルバイト料は、一回二〇〇〇～三〇〇〇円、多くても五〇〇〇円程度。格別に割のいい仕事とはいえない。それでも、テレビの番組収録を間近で見られるうえ、お気に入りのタレントをナマで見られるとあって、なかなか人気のあるアルバイトになっている。

ところで、エキストラなどのうち、スタジオ収録の観覧に来る人たちのことを、「壁の花」とよぶことがあるが、テレビ局が「壁の花」のギャラを節約するために、ある裏技をつかうことがある。

それは、スタジオの左右にヒナ壇を設けて、片方だけに観覧者を入れるというものだ。これで、CMの合間に「壁の花」に行ったり来たりしてもらえば、二倍の人数に見せることができるというわけである。いやはや、卓抜なアイデアというべきか、ケチくさいというべきか……。ともあれ、こうしたウラ舞台が見られるところも、このアルバイトの面白さだろう。



## 「ある物を消し、ない物を作る」映画の最新撮影法

ＳＦＸというのは、ご存じのように、特

殊撮影技術のこと。「スペシャル・エフェクツ（特殊効果）」という英語の発音が、「スペシャル・エフ・エックス」とも聞こえることから、こうよばれるようになった。SFX映画のヒット作品には、「スター・ウォーズ」「ターミネーター」「ジュラシック・パーク」などがあった。

近年、SFX技術の進化は日進月歩。ここ十数年くらいのあいだに広まったデジタル・フィルム・メーキングという技術によって、より高度な映像処理を施されたSFX映画がつぎからつぎへと公開されている。

たとえば、かつては、怪獣や宇宙船などはミニチュアをつくって特撮されていたが、現在では、CG（コンピュータ・グラフィック）を駆使すれば、恐竜やエイリアンのようなこの世に存在しないキャラクターを、コンピュータ上で自在に生み出すことができる。あるいは、竜巻や津波をスリリングに演出することもできる。

デジタルの魔術はそれだけにとどまらない。

たとえば、一九三〇年代のニューヨークを舞台にしたギャング映画の撮影で、当時、走っていないはずの日本製のクルマが映りこんでしまったとする。あるいは、女優のまとった美しいドレスが、シワになっていることに気づいたとする。昔なら撮り直していたところだが、現在のデジタル技術があれば、日本製のクルマをパッパッとアメリカ製に替え、女優のドレスやら顔やらのシワもきれいサッパリ取りのぞくことができるのだ。

コスト面でのメリットも大きい。映像処理の技術が進んだことで、テイクの回数を大幅に減らせるし、これまでは大掛かりなセットを組んだり、スタッフ総出でロケ撮影していた映像が、平たくいえば、写真をスキャナーで取りこむだけでつくれるようになったのだ。

ただし、いまのところ、デジタル技術は、生身の人間の演技を超えるレベルには達していない。本物の俳優かCGかのちがいは、子どもですら一発でわかる。とはいえ、デジタル技術の進化はめざましいから、近い将来、俳優が必要なくなる日が来るかもしれない。



## スクリーンから飛び出す3D映像のしくみ

ディズニーランドのアトラクションなどでおなじみの3D映画。スクリーンから飛び出してくる迫力ある映像に思わずのけぞったり、キャラクターに手を差し伸べてしまったり、という経験は子どもならずとも体験したことがあるだろう。

それにしても、あの臨場感あふれる立体的な映像は、どのようなしかけでできているのだろうか？　秘密のタネは、立体映像を見るときにかける、おなじみの「メガネ」にある。

立体映画では、二台の映写機をつかい、右目用と左目用の二種類の画像がスクリーンに映し出されている。

これを、「偏光グラススコープ」とよばれる例のメガネをかけて見ると、左右の目が別々の映像をとらえられるようになる。それで、あたかも平面が立体のようにみえてくるのだ。

こうした人間の目の錯覚は、とくに大掛かりな装置をつかわなくても、簡単に生じてしまう。試しに、つぎのような実験をしてみてほしい。



まず、紙で筒をつくり、右目で景色をのぞきこむ。同時に、左目には左手をかざし、じっとみつめる。こうしてしばらく、右目では筒の中の景色だけを、左目では左の手のひらだけを見るようにすると、不思議や不思議、左手の中に、右目で見ていた景色が見えてくるはずだ。

このメカニズムは、左右それぞれの目で同時に認識された2種類の映像が、脳でひとつの映像として処理されるというもの。よって、平面が立体的にみえたり、像が重なってみえたりするのである。

## テレビに映るクルマのタイヤが逆回転に見えるワケ

映画やテレビに登場するクルマ。高速で走っているその姿をよくみると、タイヤが逆回転しているようにみえることが多い。もちろん、バックしているわけではなく、ちゃんと前進している。おかしい、と思っている人も多いのではないか。

このトリックの種明かしは、時計の針に置きかえるとわかりやすい。

映画は、ご存じのように一分間に二四コマの絵を撮影し、それを連続して映しだすことで、対象が自然に動いているようにみせている。

いま、時計の針を撮影しているとする。一コマ目には時計の針が〇時を指している絵が写っている。二コマ目には三〇度進んで一時、以下三コマ目には二時……という具合に写っていれば、連続して映写したときには、針はふつうに前に進んでいるようにみえる。



しかし、時計の針の回転がはやく、一コマ目には〇時、二コマ目にはいっきょに三三〇度進んで一一時、三コマ目には一〇時……の絵が写っているとどうなるか。連続して映すと、時計の針は逆に動いているようにみえる。

これが、クルマのタイヤが逆回転してみえる理由。つまり、映画のコマ割りと、タイヤの回転がズレると、まるでバックしているようにみえるというわけである。

## 皇太子ご成婚のテレビ中継における、謎の掛け声

テレビを日本の家庭に普及させたエポックメイキングな出来事といえば、昭和三四年四月一〇日の皇太子（現天皇陛下）のご成婚中継である。なかでも、ハイライトは

おふたりが馬車にのってのパレード。テレビ局は、この模様を生中継することになったが、問題がないわけではなかった。

それは、沿道にマイクが置けないため、音声が拾えないこと。当時のマイクは、現在のような高感度ではなかったため、距離があると音が拾えなかったのである。

そこで一計を案じたのが、ある音声係。彼は、馬車のパカパカという ひづめの音は、西部劇のそれを、そして、沿道につめかけた観衆の声は、大相撲中継のときに録音しておいた歓声を代用することを思いついたのである。

さて、いざ本番。馬車の音は申し分なかった。しかし、沿道を埋めた観衆の声をよく聞くと、「玉錦！」という掛け声がまじっていたのである。



## これが映画のトリック撮影の元祖だ！

古くは特撮による怪獣映画、最近ではSFXを駆使したホラー映画など、映画にはトリック撮影がよく使われる。

いまでこそ、その手法はじつに手が込んでいるが、史上初のトリック撮影といわれるのは、つぎのような偶然の産物だった。

フランス人のリュミエールが、シネマトグラフ（映写機）を発明したのは一九世紀の末。

このリュミエールから映写機をゆずりうけ、のちに映画の製作システムを体系化したといわれるジョルジュ・メリエスが、一八九六年、オペラ座広場で撮影をしていたときのことである。

そのとき、たまたま広場の向こうからやってきたのが乗合馬車。メリエスはそのまま撮影をつづけたが、フィルムが途中でひっかかったため、撮影は一時中断。あらためて映写機をまわしはじめたところ、画面の中央にいたはずの馬車は去り、かわりに葬式車が止まっていた。

これに気づかず撮影をつづけたメリエスは、現像したフィルムをみて驚いた。乗合馬車が一瞬にして葬式車に入れかわっていたからである。

ま、あたりまえといえばあたりまえなのだが、これぞ元祖トリック撮影。のちにメリエスは、この経験をもとに『ベール・ウーダン劇場における一夫人の雲隠れ』という史上初の特撮映画を製作することになったのだった。



## ヘビ使いはどうやって聴覚のないヘビを操るのか

ちょっと年配の方なら、おそらく誰もが懐かしいと感じるであろう、〝東京コミックショー〟。

ダンナさんがヘビ使いで、前に大きな箱が置いてあり、笛を吹いてよぶと、ヘビ（一目で、手で動かしていることがわかる）がでてくる。

じつは、その箱には奥さんが入っていて、ショーの最後に奥さんが顔をだして終わるというあれである。

さて、インドには、〝インドコミックショー〟というわけでもないが、本物のヘビ使いがいる。

ある日、あなたが、海外取材番組のプレ

ゼントに当選し、「インドへいき、ヘビ使いになれる」という特典を手にしたとしよう。

よく調教されたヘビのそばで、ヘビ使いと同じ笛で、ヘビ使いと同じ曲を吹いたとしたら、ヘビは曲芸をするだろうか。答えは、ノーである。なぜなら、ヘビには、聴覚がないから。

では、なぜ、ヘビはヘビ使いの笛にのせられて、曲芸をする（ようにみえる）のだろうか。じつは、ヘビ使いは、笛を吹きながら、ヘビの攻撃本能を刺激しているのである。

たとえば、ヘビの入っているツボやカゴを足で揺らしたり、振動を与えたりする。そうして、ヘビが顔をだすと、ヘビ使いは、笛を吹きながら自分の身体を前後左右に揺らす。

ヘビはそれに対して、相手の出方をみたり、牽制しようとして、身体を揺らす。

その様子をなにも知らない観光客がみると、いかにもヘビが音楽に合わせて踊っているようにみえるというわけだ。

## これが映画のなかで雨を降らせる〝神業〟だ！

天気に雨がつきものである以上、映画にも雨はつきものである。『七人の侍』の戦闘シーンのような土砂降りもあれば、『シェルブールの雨傘』のようなせつない雨もある。

もちろん、天気は映画の撮影にあわせて雨を降らせてくれないから、多くの場合、雨は人工的に降らせることになる。

撮影がセットのなかで行なわれているときは、比較的簡単である。撮影所の天井に細かい穴をあけた鉄パイプを張りめぐらせ、大型扇風機をまわせば、あとは水量と風力を調節するだけで、豪雨も霧雨も降らせることができる。

問題は、鉄パイプを張りめぐらすことができない野外ロケである。どうするか。これがいたって原始的なのだ。

撮影スタッフのなかに雨を降らせる名人がいて（雨乞いをするワケではない）、彼がホースの先に親指をあてて降り方を調節するのだ。

映画監督というのは、雨の降らせ方ひとつにもウルサイ人が多いが、ベテランの雨係は、どんな要求にも応えてしまう。その技術は、監督をして「神業」とうならせるらしい。



## 上手な流血シーンのつくり方

テレビや映画の時代劇。斬られ役が流す血といえば、圧巻だったのは黒沢明監督の『椿三十郎』。仲代達也演じる侍の体からは、それこそ水道管がこわれたように血が吹きだしたが、ここでいう流血のトリックは、もっとセコい時代劇での話である。

まず使用される血だが、正体は食用紅と小麦粉をまぜあわせたもの。これを薄い袋に入れて、あらかじめ斬られ役の着物の下に隠しておく。

さて本番。主役の侍が斬られ役に刀を振り下ろす！　その瞬間、監督から「待った！」の声がかかる。主役と斬られ役は、相撲の〝行司待った〟よろしく、そのままの姿勢でしばし静止。カメラも、もちろんストップである。

　そこにカミソリをもってやってくるのが、小道具係か助監督。斬られ役のところにいって、監督の「ヨーイ、スタート！」の掛け声とともに、例の袋を切り、素早くフレームアウト（画面の外にでる）。主役は、やっと刀を振り下ろし、斬られ役が「ウー」でも「殺《や》られた～」でもいいが、ちゃんと死んでくれれば、無事、この殺陣《たて》のシーンの撮影は完了というわけだ。

　この手法、映画界では「カット（つなぎ）」とよばれている。

## 発明王エジソンが映画撮影に用いた壮大な仕掛け

発明王エジソンは、映写機を発明しただけでなく、世界初の映画スタジオもつくっている。

　そのスタジオの名前は、「ブラックマリア」。性能の悪い当時のフィルムでもコン

トラストがはっきり付くよう、建物を黒く塗ったことから、この名が付いた。

さて、このブラックマリアには、もうひとつ壮大な仕掛けがあった。

性能の悪いフィルムにコントラストをはっきり付けるためには、明るいシーンではたくさんの光量が必要になる。そこで、ブラックマリアの天井は、昼間は外に向かって開き、太陽の光をじゅうぶん取り入れられるようになっていた。

それだけではない。太陽がどんな位置にあっても大丈夫なように、なんと、スタジオ自体が回転できるようになっていたのである。円形のレールの上にのったスタジオは、エジソンが発明したモーターの力で三六〇度回転する。

こうしてエジソンは数々の映画をプロデュースしたという。



## マジックミラーの意外なカラクリ

こちらからは普通の鏡にしかみえないが、反対側からは透明なガラスにみえる。これがマジックミラーだが、いったいどんな仕組みになっているのだろうか。

さぞかし特殊なガラスでできているのかと思いきや、意外にかんたんなからくりなのである。

原理としては、夏にかけるすだれと同じ。すだれは、昼間は外から部屋のなかがみえないが、なかから外はよくみえる。逆に、夜になると外からなかはまるみえになるが、なかから外はみえない。

それは、部屋のなかと外の明るさのちが

いによる。光は、部屋のなかからも外からもでているが、つねに明るいところから暗いところにでるほうが多いため、昼間は部屋より明るい外がよくみえ、夜は逆に外より明るい部屋のなかがよくみえるというわけだ。

マジックミラーは、警察の取り調べ室などにも設置してあるが、これも取り調べ室を明るく、隣の部屋を暗くしておくことがポイント。あとは、ガラスの裏に塗料を薄く塗っておけば、相手には普通の鏡にしかみえないのである。

## 映画で雪のかわりに使われていたある食べ物とは

歌舞伎で雪といえば、白い紙を細かく切ったもの。ま、歌舞伎は約束事の世界だからこれでいいが、リアリティを重んじる映画となると、雪はあくまで雪にみえるシロモノでなくてはならない。

現代の演出では、発泡スチロールなどが使用されているが、そんな便利な小道具がなかったハリウッドの草創期、当時の映画製作現場では、つぎのような方法が採用されていた。

最初に雪のかわりになったのは、〝羽毛〟である。

白くてふわふわと空中を漂う羽毛は、それなりにリアリティがあったが、ある映画の撮影で、俳優が羽毛を吸い込んで、あやうく窒息死しそうになるという事件が起こった。

そこで登場したのが、なんと〝コーンフレーク〟。アメリカの代表的な朝食として知られる、とうもろこしの加工品である。
　このコーンフレークを白く塗り、スタジオの天井から降らせると、みごとな雪にかわった。



　一九三八年の『北海の子』で採用されて以来、発泡スチロールが登場するまで活躍したというが、まだフィルムの感度が悪かった時代ならではの昔話である。

# 6

▼客を見事に手玉にとる〝セールス〟のトリック

# 売れ筋商品と思わせる
# これがまさかの陳列法だ！

## 失敗作を美味に変えるプロの料理術とは

一年三六五日、厨房に立って調理をするプロの料理人でも、ときにはうっかりミスを犯すことがある。

肉や魚を焦がしたり、麺の茹《ゆ》ですぎ、フライの揚げすぎなど、一般の主婦と同じような失敗もまれにはあるが、やはり多いのが、味付け段階でのミス。店のいそがしい時間帯などは、いくらプロとはいっても、手元がくるって、思いもよらない量の調味料がドバッとはいってしまうことがあるという。

ふだん、家庭で料理をする人ならおわかりのはずだが、調味料の入れすぎは、致命傷になりかねないミス。いったん濃い味付けになってしまったものは、水で薄めても元には戻らないから、けっきょくは、鍋ごと捨ててしまったという人もいるだろう。

しかし、そこはプロの料理人。甘すぎ、辛すぎ、油っぽすぎなどの味付けの失敗も、復活させることができるという。

どんなワザをつかっているのかというと、方法はいたってシンプル。失敗したら、思いきって別の味につくりかえる、これだけである。砂糖を入れすぎたからといって、水で薄めたり、塩を足して甘味を消そうとするのはかえって逆効果だ。それならいっそ、ちがう味付けの料理にしてしまえばよい、というのがプロの発想である。

たとえば、甘すぎたときには、辛味を足してやる。中華料理なら豆板醬、和食なら唐辛子を入れてみる。できあがりの味は、最初にイメージしていた料理とはまったく変わってしまうが、そのぶん、失敗は帳消しになる。

また、油っぽくなりすぎた料理は、酢でしめる。よく、あんかけ焼きそばやラーメンに酢をかけて食べる人がいるが、理屈はあれと同じだ。酢はこってりした味を、サッパリ味に変えてくれる。

逆に、なにかもうひと味足りないというとき、家庭の主婦は塩やしょう油を足してしまいがちだが、こんなときは、ごま油やオリーブオイル、オイスターソースなど、「風味づけ」で味を調える。

これで、もの足りなさが消え、味に深みが増すという。

ただし、塩の入れすぎだけは、プロでもごまかしがきかない。

失敗しないコツは、塩を入れるときは指でつまんで入れることと、塩気のある材料とのかね合いを考えて、最初は薄味にしておき、調理の最後で調えることだ。参考にしてはいかがだろうか。

## ●エビフライの衣を厚くする秘技

以前、「私、脱いでもすごいんです」と、若い女性が自信満々に言い放つテレビCMが話題になったことがある。思わず「えっ、脱いだら、どうすごいんだろう？」と想像したくなるような強烈なセリフだったが、食べ物の世界にも、あのCMの女性のように、「どんなにすごいのか」と思わせるボディーの持ち主がいる。市販の弁当にはいっているエビフライである。

店頭にならべられたエビフライは、どれもカラリときつね色に揚がっていて身も大きく、いかにもおいしそうにみえるもの。ところが、このエビフライ、そのほとんどが見かけ倒しなのである。



外見とはうらはらに、着ぶくれした衣の中には、やせ細った貧弱なエビがひそんでいることが多い。ひと口目でエビの身にたどりつければまだいいほうで、ひどいものになると、ふた口目になっても、エビの身にかすりさえしないことがある。

「さんざん期待させておいて、ヒドイ」とクレームのひとつでもつけたくなるが、あの衣の厚さときたら、素人には想像もつかないボリュームだ。いったい弁当店では、どんなトリックをつかって衣を水増ししているのだろうか。

その方法は、必殺「パン粉と卵の二度づけ」だ。まずは、通常の手順で卵、パン粉をつける。そのあと、さらに卵、パン粉の順に重ねづけをすることにより、着ぶくれのエビフライができあがるわけである。

この種の「手品」がつかわれるのはエビフライだけではなく、エビの天ぷらの衣を肥大させるトリックもある。衣をつけたエビを油に放したあと、さらにその上から衣だけをパッパッと振りかけていくのだ。この方法は、業界で「花揚げ」とよばれるテクニックで、こうするとひと回りもふた回りも大きなエビの天ぷらができあがる。

残念ながら、エビフライも天ぷらも、その外見から衣の厚さを判断する方法はない。ひと口食べてガッカリしないためには、値段の安い弁当を買わないようにするしかない……かも。

## 有名人でなくてもサイン会に行列ができる理由

大型書店によくいく人は、「本日○時より、○□先生のサイン会をおこないます。ぜひお越しください」という内容のアナウンスを聞いたことがあるだろう。

これは、作家や評論家が新刊を出版したとき、本の宣伝と、ファンとの交流をかねておこなわれるイベントで、大型の書店では、よく開催されているものだ。イベントによばれるのは、たいていは名のとおった作家である。当然ながら、ある程度の知名度がなければ、お客をよべないからだ。

ただし、ときにはあまり名の知られていない作家のサイン会が開かれることもある。たとえば、出版社側が売り出したい作家がいるとか、販売に力を入れている本があるといった場合だ。

そこで気になるのが、芸能人でもなく、まして有名でもない作家のサイン会に、果

たして人が集まるのか？　という点。せっかくお膳立てしたサイン会も、人が集まらなければ台無しだし、なにより「自分はこんなに人気がないのか」と、著者を落胆させてしまうことになる。

　しかしその点に関しては、心配にはおよばない。書店のサイン会の場合、たいした有名人でなくても、行列ができるような仕掛けが用意されているからである。どんな仕掛けかというと、ズバリ、「サクラ」である。

　書店では、万が一のときにそなえて、事前にサクラを準備していることが多いのだ。そのサクラは、書店で働くアルバイトがほとんどだが、それでも人出が足りないときは、出版社の営業マンらに協力を要請することもある。

　サイン会がはじまったときに、お客の入りが寂しければ、サクラを行列にならばせ、何食わぬ顔で本にサインをしてもらう。そのあとは、一般の客と同じようにレジで代金も支払うが、これはサイン会が終了後、返金される仕組みになっている。

この方法なら、著者に恥をかかせることもないし、書店が損をすることもない。サイン会をお膳立てした出版社もメンツが立つというわけで、万事が丸くおさまるのである。

## 広告が関心集めに多用する「3B」って何？

日常生活は、テレビ、雑誌、電車の中吊り、インターネットなど、さまざまな媒体をつかった広告であふれている。あまりにもあふれすぎていて、いちいち注意して見ていられないし、うるさく感じることも多い。なかでも、自宅に届くダイレクトメール（DM）は、それが郵送にしろ投げ込みのチラシにしろ、見る前に捨ててしまうという人が多いのではないだろうか。

ダイレクト・マーケティングには「1％の法則」というものがあって、DMをだした不特定多数の客のうち、売り上げに結びつく客は100人にひとりしかいないという。

とはいえ、広告制作側も、ギョーカイ用語でいう「レスポンス率」を上げようと躍起だ。そこで、どういう案内が購買行動に結びつきやすいかと調べたところ、導きだされたのが「3Bの法則」というもの。

「3B」というのは、baby（赤ちゃん）、beast（動物）、beauty（美人）の3つのことで、これらを広告につかうと、注目率や閲読率が確実に高まるのだ。

たしかに、赤ちゃんや子どもの写真を見ると、ついつい気がゆるんでしまうという人、動物には目がないという人は多い。同じように、若い美人は誰だって好きなはず……。

また、広告制作では、注目率とともに、お客に悪い印象を与えないことも重要とされる。調査によって、よい印象を受けたお客はそのことを8人の人間に話すが、悪い印象を受けたときは、22人もの人間に話すということがわかっているからだ。

目立つことにとらわれて、嫌悪感をもたれては、広告がアダになる——そういう意味でも、多くの人に愛される3Bが重宝されるというわけだ。

## 背広だけでなくネクタイも買わせるワザとは

某ファースト・フード・チェーンでは、ハンバーガーを買うと、かならず「お飲み物はいかがいたしましょうか」と聞かれる。つられてコーヒーをたのむ人もいれば、内心「うるさい」と思う人もいることと思う。

しかし、「うるさい」と思った人でも、つぎのようなシチュエーションならどうだろう。

ロサンゼルスのフランク・アンド・ハリスというメンズファッション店で、たったいま、背広を買った客の前を、偶然、ネクタイを売り場に運ぶワゴンが通りかかった。ふり返った客は、一本のネクタイを手にとり、「この背広にぴったりだ」と、レジにもっていった。

これをたまたまみていた店の主人は、さっそくワゴンを三台購入。そして、背広を買った客の前に、その新しい背広に合いそうなネクタイを積んだワゴンを、さりげなく押していくことにした。

かくして、フランク・アンド・ハリスはネクタイの売り上げをおおいに伸ばしたのだが、たしかに、店員にしつこく付きまとわれると、購買欲がなくなる人は多いもの。売り上げ不振に悩むデパートは、一考されてみては？

## はたして〝サクラ〟に客寄せ効果はあるか

デパートや街頭で物品販売をするプロたちは、最初にひとりでも客を立ち止まらせることができれば、こっちのもの。客がひとりもいないところでは、だれも立ち止まってくれないが、ひとりでもいれば、思わずのぞきこんでしまうのが人間心理だからだ。

ここに〝サクラ〟というトリックが利用される理由がある。〝サクラ〟とは、いうまでもなく販売側が用意した人々。彼らが最初の客の役をやったり、その商品を買えば、つられて本当の客もその商品を買ってしまうというわけである。

これに関しては、アメリカの心理学者ミルグラムのつぎのような実験がある。彼は数人のサクラを雇ってビルを見上げさせ、はたして何人の通行人がつられるかを観察した。

結果は、サクラが二〜三人のときは、通行人の六割が立ち止まって、いっしょにビルを見上げた。五人以上のときは、通行人の八割がビルを見上げたという。

まあ、それだけ人間というのは物見高いというか、自分だけ見損なうのはイヤだという気持ちが強いということなのだろう。

## ヒット作に共通するネーミングの秘密

「これがヒット商品を生む秘訣《ひけつ》だ」「これがヒットを飛ばすコツだ」というようなことが書かれた本はじつに多い。ヒットがでない、売り上げが伸びない、お先真っ暗というときほど、こういう言葉にすがりつきたくなるものだが、あまりアテにしないほうがいいだろう。




というのも、この手の本は山ほどあるが、どれもベストセラーというわけではないからだ。ヒットを生む秘訣を知る人が書いた本ならば、その本をヒットさせることもできるはず。ところが、現実はそうではない。ヒットを生む秘訣、ヒットを飛ばすコツといっても、すべての商品に当てはまるわけではないのである。

ただし、ヒット商品に共通点があるのは事実。そのひとつがネーミングだ。もちろん、共通点をもっていてもヒットしなかったという商品や、全然ちがうけどヒットしたという商品もたくさんあるが、参考にはなると思うので紹介しておこう。

ヒットした商品のネーミングには五つの特徴がある。

第一に、見やすいこと。ヒットを狙うな

ら、漢字の場合は字画をすくなくし、字をならべたときのバランスをよく考えたほうがいい。とくに、パッケージや商品名が重要な意味をもつ場合は、この見やすさが大きなポイントとなる。

第二は、聞きやすいこと。テレビコマーシャルをじゃんじゃん流しても、視聴者が聞きとれないような商品名では意味がない。「この商品名で大丈夫か」と思うときは、何人かに電話で商品名を言ってみるといい。電話ですんなり聞きとれるようなら、合格だ。

第三は、書きやすいこと。これは、「買い出しにいってくるけど、欲しいものがあったらこの紙に書いて」という状況で、サッと書けるものと考えればいい。

第四は、言いやすいこと。せっかく、その商品が話題にのぼっても、商品名がうまく伝わらなければ意味はない。だから、言いやすいことも大切なのだ。

第五は、覚えやすいこと。まあ、これは説明不要だろう。

以上がヒットした商品名の特徴である。どれも「なるほど」とうなずけるものだと思うが、どんなにいい名前をつけても中身がともなわなければ問題外。くれぐれも、そのことをお忘れなきよう。

## この「陳列の基本トリック」を知れば店の狙いが読める

電車やバスの中に学生服の集団がいると、乗車マナーが悪いわけではなくても、どういうわけか目立ってみえるもの。これは、人間に、「集団」になったものに目を引かれ、強いインパクトを受けるという傾向があるからである。たしかに、同じ制服を着た集団が車内にいると、バラバラの服装をした他の客よりも、目を引くものだ。

同じように、スーパーやデパートで買い物をしているときも、ぼんやり眺めているだけなのに、とつぜん視界に飛びこんでくる商品がある。とくに奇抜なディスプレーではないのに、他のものから浮かび上がってみえるのである。

そうした商品は、その店の売れ筋、またはおすすめ品と思っていい。なにげなくならべられているようにみえても、商品ディスプレーには、その店の「意図」が隠されているのである。

各店がどんな陳列テクニックでお客の目を引き付けているのか、トリックのタネ明かしをしてみよう。

まずひとつは、値段の安い商品を手前に、高い商品を奥にならべるというもの。最初に高値のものが目に飛びこんでくると、人は反射的に拒否反応を起こし、購買意欲をそがれてしまう。そこで、まずは安いもの、つぎに高いものという順に視線が移るよう、配慮しているのである。

もうひとつは、見ていて心地よい、美しいと感じるディスプレー。たとえば、バラバラの色合いの商品を雑多にならべるよりも、寒色系や暖色系などを、同系色でまとめたほうが、目に飛びこんできたときに美しくみえる。そこで、ブティックなどでは、同じ色合いの洋服をまとめたり、淡い色から濃い色へとグラデーションになるようにならべ、客に「美しさ」や「優雅さ」をアピールしている。

その店がどんな店かを知るには、入り口のディスプレーに注目するといいだろう。入り口は、その店の顔。高級果物や生花が華麗にディスプレーされているようなスーパーは、「うちの客層は、ちょっと上流ですよ」ということをアピールしたい証拠。逆に、店頭に安値商品をならべている店舗は、安売りをウリにしている店というわけだ。

## 売れ筋商品と思わせるこれがまさかの陳列法だ！

あなたの身近に、Aという女性と、Bという女性がいるとしよう。Aさんは、美人で知的で、ファッションは最先端、仕事もバリバリこなす、いわゆる「デキる」女性。

いっぽう、Bさんは、さほど美人ではないが、笑顔がチャーミング。ただし少々おっちょこちょいで、たまに仕事でポカもやる、ごくふつうの女性である。

さて、あなたが恋人にするなら、AさんとBさんのどちらのタイプを選ぶだろう？おそらく、ほとんどの人が「Bさん」と答えるのではないだろうか。

というのも、人間はきれいでスキのない、完璧なものを見ると、無意識に「近寄りがたい」というイメージを抱き、敬遠する傾向があるからだ。欠点の見えないAさんは、まさにスキのない女性の典型。したがって、「Aさんは、見ているぶんにはいいけれど、一緒にいたら疲れそう」「その点、Bさんは、親近感があっていい」ということになるわけだ。

じつは、こうした心理は、人間関係だけでなく、買い物をするときにも働いている。

たとえば、スーパーの棚に整然とならべられた商品。見ているぶんにはきれいでも、それを見て「購買意欲」を刺激される人はすくない。先のAさんと同じように、整いすぎた陳列は、かえってお客の買い気を損ねてしまうのである。

また、朝の開店時は別として、いつ訪れても商品の補充が完璧だと、かえって、「この店、まるで売れていないんじゃないの」と疑われることになる。

そう思われないために、商店では、わざと「歯欠け」のディスプレーを演出している。

これは、専門用語で「ブレークアップ陳列」といい、横並びの商品のいくつかを間引きしたり、積み上げた商品の山の高さを変えたりして、「この商品は売れ筋だ」ということをアピールする手法だ。

似たような商品のなかで、ひとつだけガクンと減っていれば、「これは売れている。じゃあ、私も」と思うのが人間心理。そこを逆手にとった陳列術といえる。そう考えて店頭の商品を眺めるのも一興だ。



## 人気商品は、ズバリこの高さの棚に置かれる

「目上」「目下」という言い方がある。目上は地位や階級、年齢が自分より上の人のことで、目下はその逆を意味するが、この「目」とはすなわち、目線のこと。イヌが、自分より力の強いものの前ではひれ伏すという習性はよく知られているが、人間にもこれに似た心理はある。自分よりひと回りもふた回りも身体の大きな人にでくわしたときには、なんとなく威圧感を感じるし、逆に小さな子どもには安心感を抱くものである。

このような人間心理を応用したのが、スーパーやデパートの「陳列トリック」。

スーパーやデパートでは、お客のメイン

層を女性と考えて、棚の高さごとに、ならべる商品を変えているのである。

　まず、お客がもっとも手に取りやすいのは、「目線」の高さにならんだ商品。人の目線の高さは、一般に身長×０・９で算出される。スーパーに買い物に訪れる成人女性の平均身長を１６０センチメートルとすると、床から１３０〜１６０センチのあいだにある棚が、もっともよく売れる「ゴールデン・ゾーン」というわけだ。

　この高さにならべられた商品は、通路を歩いている女性客の目に自然に飛びこんでくる。しかも、商品を取るのに、背伸びをしたり、かがんだりする必要はない。というわけで、この目線ゾーンには、その店の主力商品、人気商品が置かれるのである。

　いっぽう、目線より高い棚に置かれるのは、やや高級な商品。逆に、目線よりずっと低く、しゃがみこまなければ手に取れない場所には、比較的、値段の安いものが置かれている。

　これは、人間には、自分の目線より下に

あるものを安っぽいと感じ、逆に目線より上にあるものを高級とみなす傾向があるため。

たとえば、その店の高級品を目線より低い場所に置くと、お客は、「なんだか安っぽいな」と感じ、手に取らなくなるというわけである。

## 人間の心理をうまく突くブティックの演出とは

バブルもとうの昔の話になって、世の中、「不必要に贅沢な空間」はすくなくなった。それでも、東京の表参道あたりを歩いていると、なんとバブリーな、いや贅沢な、とつぶやいてしまうようなお店をみかけることがある。たいていの場合、アパレル関係、高級ブランドのブティックだ。

まあ、ファッションというものは、実用性だけでなく、「センス」も売る商売。高価格できらびやかなブランドは、店内もきらびやかに。逆に、低価格で定番物中心のブランドは、店内もシンプルで機能的に演出して、それぞれ「センス」のよさをアピールしている。

しかし、一見アートの世界のようなブティックのディスプレーにも、じつはシビアなビジネス・トリックが隠されているのだ。

たとえば、コートやジャケットをハンガーに吊す場合も、ただ無造作にかけてあるわけではない。価格が高い、高級なものほど、高い位置に吊してあるはずだ。低い位置にかけると、お客は上から見下ろすことになり、安っぽくみえてしまうからである。また、ハンギング（ハンガーで吊すこと）には、グラデーションという基本がある。形や色を規則正しくならべる陳列法で、たとえば、裾丈の短い物から順にならべる、色調は暖色から寒色へと揃えておく、という具合だ。これには、見た目をスッキリさせるというだけでなく、お客が服を選びやすくなるという効果がある。

また、棚段やラックをつかう場合は、縦割り陳列にするか、横割り陳列にするか、というのも考えどころだ。同じ種類、同じテイストの商品を縦に陳列すると、客は購買のさいに目線を上下させるだけで、好みの商品を選ぶことができる。いっぽう、横割りにすると、重点商品を目につきやすい高さ（130〜185センチメートル）にならべることができる反面、幅が長すぎると間延びしてしまうこともある。



また、ブティックの店員が、お客がいないとき、しきりに商品をたたみ直しているのをみたことがあるだろう。これもトリックのひとつだ。たたんだまま時間がたった商品は、しんなりしてどこか精彩がない。これをたたみ直すと、ふんわりとして新鮮にみえるのだ。

## 売れそうにない超高額商品を店頭に飾る理由

アパレルの世界では、いわゆるラグジュアリー（豪華な）・ブランドの威勢がいい。銀座や青山の一等地に、つぎつぎとブティックがオープンしている。

ショーウインドーの中のいかにも高級そうなスーツやドレスを見ていると、誰がこんな高い服を買うのだろうと思うが、じっさいのところ、売り上げの四割前後はシューズやアクセサリーなどの小物類が占めているという。だったら最初から、売れ筋の小物を中心にディスプレーしたらいいかというと、そんなことはない。お客はまず、高価なスーツやドレスをショーウインドーで鑑賞し、店内でニットやブラウスを手に取って検討し、最後に「今日のところは」などといいながら、小物売り場の前で財布の紐《ひも》をゆるめるのだ。最初に二〇万、三〇万円の商品を見ているだけに、二、三万円の小物が割安に見えてくるのである。

　だから、店側からすると、ショーウインドーの中の超高額商品は、売るためではなく、見せるために用意した商品といえる。価格差のある商品を用意し、お客の値頃感をくるわせるというわけで、これは、プライスゾーンのトリックといえる。

　もちろん、このトリックは、高級ブランドだけではなく、あらゆるビジネスに応用できる。たとえば、シティーホテルの場合、最高級スイートはだいたい一泊三〇万円以

上するが、これはあくまでもハクをつけるための値付け。そんな高級ホテルのサービスが受けられると思えば、一泊二万八〇〇〇円の部屋代も、宿泊客には安く感じられるだろう。

焼肉屋で特上カルビ一人前二〇〇〇円と聞いて「この店はいい肉を仕入れているな」と思えばこそ、並カルビ一人前八〇〇円でも「うまい」と感じるというわけだ。

## たわいない「おまけ」にはこんな店の計算が

世の中、純粋なおまけなど存在しないとわかっていても、人間は、景品付き、特別サービスといったフレコミにめっぽう弱い。もともと自分が欲しいと思っていたものに、おまけが付くと、小さなことでも得をしたような気分になるのだ。

たとえば、電気店の販売員が、興味を示しているお客にむかって、「こちらの商品をお求めいただいた方には、特典として、携帯用のバッグと控えの電池を差し上げております」と声をかければ、お客の関心をさらに引き寄せることができる。

具体的なモノ以外では、「いまならポイント2倍です」というサービスも、効果的。おまけ＝付加価値は、お客の心を上手にあやつる、簡単にして効果の高い販売戦略なのだ。

また、本来、販売促進のための手段であるおまけが、お客にとって購買の目的そのものになることもある。シールやフィギュアの類をおまけにつけて大ヒットしたお菓子は、その代表的な存在といえる。お菓子の付加価値にすぎなかったおまけが、やがておまけそのものがほしくてお菓子を買うという、逆転現象を生むことがあるのだ。

ただし、いつでも、誰にでも特典をちらつかせていると、やがてお客はサービス慣れしてしまい、おまけの効果はしだいに薄れていく。おまけのトリックには、「期間限定」「先着何名様」という、適度な出し惜しみも必要なのである。

## ビール売り上げトップを走るバイト学生の隠し技とは

たった一言、余計なことをいったために、彼女に振られた、上司に嫌われた、交通違反の罰則金が高くなった、などという経験をした人は多いだろう。昔から口は災いのもとというが、たった一言でも命取りになることがある。

そんな経験をすると、「二度と必要以上のことは言うまい」と思うものだが、そう頑《かたく》なになるのも考えもの。世の中には、たった一言、余計に言ったことで成功した人もいるからだ。

たとえば、甲子園球場でビール売りのバイトをしていた大学生のケースである。

球場のビール売りとは、大きなタンクを背負って「ビール、いかがですかー」と場内を回るあのバイトのこと。けっして楽な仕事ではないが、短時間で稼ぐことができ、おまけに野球も楽しめるということで、人気のあるバイトだ。

給与体系は、基本給と歩合給。つまり、売れば売るほど儲かるようになっているわけだが、売り上げはだいたいみんな同じくらいになるという。

まあ、それはそうだろう。球場のビールというものは、「飲みたいな」と思ったとき、近くにいる人から買うもの。別に、人を選んで買うようなものではない。

ところが、その大学生がバイトにはいる日は、売り上げに大きな差がついたという。その大学生のビールばかりが売れるのである。

もちろん、その大学生も、他のバイトも売っているビールは同じ。値段も同じ。にもかかわらず、売り上げはまったくちがった。いったい、彼と他のバイトでは、何がどうちがったのだろうか。

答えは、「一言」。「ビール、いかがですかー」というところを、その大学生だけ「冷たいビール、いかがですかー」といいながら売っていたのである。この「冷たい」の一言が、彼とほかのバイトの売り上げの差を生んでいたのだ。

成功と失敗は紙一重というが、たった一言つけ加えるだけで、このように成功する

こともあるのだ。

余計な一言で痛い目にあった人もいるだろうが、「一言」が悪いのではない。要は、その内容なのだ。

このビールの販売がうまいバイト学生、ただ商売上手というだけでなく、かなり頭の切れる人物だったようだ。

## サクラ満開？ マンション抽選会場のトリック

人生、努力しだいとはいうが、どうにもならないのが「クジ運」。商店街の福引きや結婚式の余興のビンゴゲームにハズレても、どうってことはないし、1億円の宝くじにハズレても、「そもそも、当たるわけがない」と納得できる。しかし、一か八かの賭けにでて、敗れてしまったときは、さすがに悔しい思いをするだろう。

その最たる例が、生涯最大の買い物となるマンションの抽選。なにしろ、コツコツと長年かけて頭金をため、モデルルームに通い、ようやくめぐり合った「運命」の物件である。もしハズレたら、夢も希望も一気にしぼむし、マンション探しもふりだしに戻る。応募者の鼻息が荒くなるのも、当然の話だ。

しかし、このマンションの抽選、「厳正公平」といいながら、じつは八百長がまかり通っているというウワサがある。

というと、「応募者全員の見ている前で、どうやってインチキをしているのだろう」「あの、ガラガラと手で回す機械になにか仕掛けでもあるのか」と思う人もいるかもしれない。しかし、仕掛けがあるのは福引きの機械ではなく、人間のほう。抽選会場には、応募者にまぎれて、多くの「サクラ」がひそんでいるというのだ。

マンションをひとつでも多く売りたいはずの不動産業者が、本当に欲しがっている客に売らないというのは、どんな事情なのか。それは、大切な取引先などに頼まれて良い物件を確保するためである。「それなら、最初からその部屋を「売約済み」にしておけばいいのに」と思う人もいるだろうが、そうもいかない事情がある。というのも、金融公庫の融資を受けたマンションの場合、部屋の抽選を公開でおこなわなければならないことになっているのだ。「南向きの角部屋」といった人気物件を「お取り置き」するためには、不動産業者が用意したサクラをつかうしかないというわけである。

では、人気の部屋を抽選で当てるにはどうすればいいか？　これはズバリ、不動産会社にコネをつくるのが、いちばんの近道。「そんなズルはしたくない」という人は、親戚や友人・知人を総動員して、不動産業者が仕掛ける「サクラ」と真っ向勝負を挑むほかはない。



## 購入品によっては悲惨な、宝石展示会のワナ

素人にとって、宝石ほど価値のわかりにくいものはないだろう。まあ、宝石といってもしょせんは「石ころ」なのだから、その人が美しいと感じた石を買って満足すれば、なんの問題も起きないはず。しかし、その石になまじ高い「経済的価値」がある

ために、宝石をめぐるトラブルはこの世からなくならないというわけだ。

さて、その宝石が大好きなのは、たいていは女性である。宝石に目がなくて、という奥様族のなかには、定期的に催される宝石展示会の案内状が届くと、いそいそとショッピングにでかける人がすくなくない。

しかし、「デパートでおこなわれる展示会なのだから、だまされることはない」と安心するのは早計。どの業界も、お客にいえないウラ事情を抱えているものだが、宝石業界も例外ではないのだ。

どんなウラ事情があるかというと、展示会は通常の販売よりも品数が必要になるため、問屋同士の「又借り」がエスカレートするのである。「又借り」とは、読んで字のごとく、たとえばA店は、自分の店で不足している商品を、まずB店から借りる。B店は、その宝石が自分の店になくても、「ありますよ」と答え、C店から借りる。さらにC店はD店から借りるといった具合で、展示会の前ともなると、各問屋が品集めにいっせいに駆け回るのである。

すると、どんな事が起きるか。当然のごとく、掛け値が雪だるま式にふくれ上がり、輸入原価からみると5倍、10倍という、とんでもない価格がつけられることになりがちだ。

こういうウラ事情をまったく知らずに「又借り品」をつかまされたお客は、悲惨というほかはない。宝石展示会で、似たような商品にけっこうな価格差があるときは、この「又借り」で値段がつり上がった宝石とみて敬遠したほうがいいだろう。

宝石展示会で失敗しない買い物のコツだが、デパートなり小売店なりで開かれる展示会には、かならずそこに宝石を卸す問屋さんが来ているもの。その問屋さんをみつけて、値段の交渉をしてみるといい。自分の店が卸した宝石を買おうという客は、問屋も無下にはしないはずである。

## ●「人気ナンバー1商品」に仕掛けられたワナとは？

人気があるかないかというのは、物を選んだり、なにかを決めたりするときの目安になるが、あくまでも目安のひとつと思っておいたほうがいい。

若い女の子に、「あのレストラン、どうだった？」と聞いて、「うーん、ま、人気はあるみたいね」という答えが返ってきたら、「混んではいたけど、まずかった」という意味かもしれない。「人気」という言葉には、いろいろな意味がふくまれている。

家電製品の量販店などでは、「当店人気ナンバー1」とか「人気商品。当店イチオシ」というをよく目にする。これを目安に、商品を選ぶ人も多いと思うが、この「人気」とはいったいどういう意味なのだろうか。

もちろん、本当にいい商品で、本当にいちばん売れている場合もある。しかし、そうではないことも、案外多いという。「人気商品になってほしい」という店側の願望を表現しているだけの場合も、けっこうあるのだ。

では、どういう商品が「人気商品」「当店イチオシ」なのかといえば「これが売れると店が儲かる商品」。

量販店の仕入れ値は、メーカーによっても商品の種類によっても仕入れる量によっても変わってくる。とくに、決め手となるのが量。極端な場合、メーカーに「三倍仕入れる」といえば、一台当たりの単価が半分になることもある。仕入れ値が半分なら、三割、四割安くしても儲けがでる。

しかし、いくら安く仕入れても、売れなくては意味がない。むしろ、大量に仕入れたぶん、倉庫代がかさんで赤字になることもある。そこで、登場するのが、「人気商品」のPOPというわけだ。

「全国売り上げナンバー1」とか「最優秀商品」などと勝手にいうことはできないが、「人気商品」「当店イチオシ」というぶんには、誰からも文句はいわれない。「人気」には、とくに基準がないから、お客から「本当なの？」と聞かれても、なんとでもごまかせる。

というと、「じゃあ、人気商品といっても、たいしたことはないのか」と思うかもしれないが、そのへんは心配いらない。やはり、そこそこ以上のものでないと、店側も「人気商品」「当店イチオシ」にはしない。不人気な「人気商品」をむやみにつくりだすと、その店の信用が傾いてしまうからだ。

## 優良物件の広告に潜む不動産屋のもくろみ

自分の「中身」に自信のない人は、外側を取りつくろおうとして、ブランド物をやたらと身につけたり、学歴や肩書きを自慢して、まわりの気を引きたがるもの。その点、誰からも人気のある魅力的な人というのは、自分の長所を他人に言いふらすようなことをしなくても、おのずとまわりに人が集まってくるものだ。

これは、人間にかぎった話ではなく、商品も同様。いい商品はだまっていても売れるが、人気のない商品の場合はそうもいかない。売りたければ、「これは、お得な商品ですよ」「買わなきゃソンですよ」と、広告で訴えるほかはないのだ。



アパートやマンションなどの不動産物件も、これと同じ。いい部屋は、店頭に表示しておくだけで、すぐにさばけてしまうが、問題があったり、売りにくい物件は、いつまでも売れ残ってしまう。

そこで、売れ残り物件がでた場合、不動産業者はどうするかというと、住宅情報誌に広告を載せる。たとえ、その物件がとんでもないシロモノでも、「日当たり良好で立地もよく、しかも格安」と、誰もが飛びつきたくなるような宣伝文句で、お客の気を引くのである。いわゆる「オトリ広告」というものだが、不動産物件には、こうした広告がすくなくない。

しかし、不動産屋のほうでも、「難あり」の物件を買う人などいないことはわかっているのだ。それでも、広告を載せるのは、ひとりでも多くの客を自分の店に集めるためである。

むろん、情報誌をみてやってきたお客のほうも、難あり物件をみて買う気を失い、渋い顔をするだろう。

すると今度は、何食わぬ顔で、「お気に召しませんでしたか。でも、ほかにもいい物件がたくさんありますよ」などといって、別の物件に誘導していくのである。もうお客は逆らえる雰囲気ではない。

いったんお客を店によんでしまえば、営業マンの勝ち。

あとは得意のセールストークでお客を落としにかかるだけである。

オトリ物件のトリックにだまされないコツは、「不動産物件に目玉商品はない」という、この「業界の常識」を肝に銘じておくことである。

## カタカナ言葉を多用する若手政治家の「狙い」とは

政治の世界では、「カタカナをつかわなくなったら一人前」だという。たしかに、テレビの討論番組をみていると、「大物政治家」とよばれる人たちほど、カタカナ用語をつかわないものだ。それに対して、若手政治家は、やたらとカタカナ用語を連発する。

視聴者としては、日本語でしっかりと話

してくれたほうがありがたいし、また、そうしたほうが重々しく立派にもみえるのだが、どうして若手政治家はカタカナを濫発《らんぱつ》するのだろうか。

これには、ふたつの理由がありそうだ。ひとつは、イメージ。経済状況や国際情勢などをカタカナをまじえて語ることで、「よく勉強している」「けっこうインテリ」ということをアピールしているつもりなのである。

もうひとつは、自分の立場や主張をごまかすため。カタカナをやたらとつかわれるとなにを言っているのかわからなくなるものだが、若手政治家は意識的にも、また無意識のうちにも、それを狙っているのだ。若手の場合、党の政策が変わったり、派閥のボスの気分が変われば、自分の主張もそれに合わせて変えなければならない。だから、あまりはっきりしたことはいえない。そこで、あえてカタカナを多用することで、自分の立場や主張をあいまいにしているのである。



以上は政治の世界での話だが、こういうふうにカタカナをつかっている業界はほかにもたくさんある。不動産業界も、そのひとつだ。

不動産屋のチラシを見ると、「コミュニティーホール」「サービスルーム」「プレイロット」などと、じつに多くのカタカナがつかわれている。

これは、漢字やひらがなよりも、カタカナ言葉のほうがイメージをふくらませる力があるためだ。たとえば、「集会場」というとダサく聞こえても、「コミュニティーホール」というとなにか新しい出会いがありそうな感じがするというわけ。

「サービスルーム」「プレイロット」にしても、これを日本語でいえば、「サービスルーム」は納戸、「プレイロット」は敷地内にある空き地のこと。くれぐれも不動産物件を探す場合はカタカナ言葉に惑わされないように注意しよう。

## 激安モノにご用心、中古車に隠されたカラクリ

ローンや保険、駐車場代など、この不況下で、「金食い虫」のクルマを維持するのはきびしいものがある。それでも、クルマが欲しいという人、それもなるべく安く買いたい人は、新車よりも中古車が狙い目だろう。

とくに最近は、中古車の値段も下がってきているし、販売店によっては「えっ？」と目を疑うような激安中古車が売られていることもある。二〜三年落ちのまだ新品の部類にはいるクルマや、年式の比較的新しいベンツやＢＭＷまでが激安価格でならんでいたりする。

しかし、この世の中、ウマい話にはかならずウラがある。価格だけで購入を決める前に、超激安中古車の「裏事情」を知っておいたほうがいいだろう。

こうした販売店にならんでいる激安中古車のなかには、事故車がまぎれこんでいることがある。

大破して廃車同然になったクルマが、業者の手によって再生され、中古車市場に出回っているケースがあるのだ。

廃車同然のクルマはどのように再生されるのか。極端なケースでは、前がダメになったクルマと後ろがダメになったクルマの二台を、真ん中で割ってくっつけてしまうという、とんでもない荒療治が行なわれているものもある。

たとえば、前部が大破しているが、運転席から後ろが無事だったクルマと、後ろから追突されてトランクは潰れたが、前はそっくりきれいに残っているクルマがある。そんな二台の同じ車種をもってきて、無事だった前部と後部同士をくっつけるのだ。どちらのクルマも、前か後ろは無傷なのだから、これで状態のいい中古車の一丁上がり、となるわけである。

こういう作業は、「おこし屋」さんとよばれている業者が手がけるのだが、再生されるのは、内部のメインフレームが完全体で残っているものにかぎられる。

つまり、大手術をしたクルマだからといって、使い勝手には問題はないそうだ。

でも、こんな話を聞いちゃうと、やっぱり二の足を踏む人が多いかも。

## ●つい手が伸びてしまう品切れトリックにご注意

スーパーの特売品ワゴンに、商品がひとつだけ残っている。こんなとき、つい手を伸ばしてしまったことはないだろうか。あるいは、陳列棚のプライスカードのところに「ただいま入荷」と手書きで書いてある。こんなとき、つい手にとってカゴに入れてしまったことはないだろうか。

　そのときは、内心「いい買い物をした」と、ちょっと満足に思うものだが、家に帰って我にかえると、たいして必要のないものということもあるものだ。これは、店側がお客に仕掛けてくる「品切れのトリック」にひっかかったためである。

　人間誰でも、目の前にあるチャンスをみすみす逃したくはない。いま、手に入れなければ、一生手にはいらないかもしれない、あとで後悔するかもしれない、と、つい思ってしまう。そんな心理を手玉にとるのが、この品切れのトリックなのだ。

　たとえば、これぞと思う商品をわざとすくなめに陳列しておく。すると、お客は売れている商品だと思い、買わなければ品切れになるかもしれないと思って、つい手を伸ばしてしまう。品物が売れたら、またすこしずつ補充しておく。これは、小売業の常套《じょうとう》テクニックのひとつだ。

　この品切れのトリックは、製造業でもつかわれることがある。たとえば、市場がつねに「品薄状態」になるように、出回る商品の量をコントロールする。それによって、消費者の購買意欲を維持しておくことができるのだ。その最たるものが「限定品」だろう。

本来、限定品とは「手間がかかるから、一日数個しかつくれない」とか「高価な特別仕様なので、売れそうな数しかつくらない」という理由で数量を「限定」する商品のこと。すると、数がかぎられているため希少価値が生まれ、どうしても手に入れたい、と思う人がでてくる。それが欲しいから、というより、限定品だから、という理由で飛びつくのも、消費者心理なのだ。

するとメーカーのほうも、そうした効果を狙って、わざと「限定品」をつくりはじめる。たとえば、トレーディングカードのように、いくらでも生産できそうなものを、わざと限定品にして「レア物」にするというわけだ。

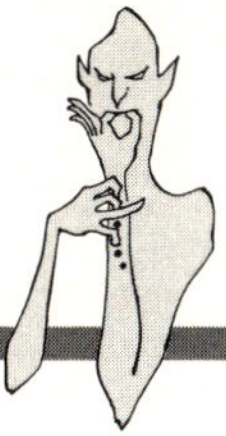

# 7

▼相手をソノ気にさせる〝恋愛〟のトリック

# 〝別れ上手〟な男のこのヤリ口に気をつけよ！

## 「美女に惚れさせるなら、拳闘をみせよ」の真意は？

ローマの格言に「美女に惚《ほ》れさせるなら拳闘をみせよ」というのがある。ボクシングをみた女性は、ひじょうに惚れっぽくなるというわけだが、この格言、心理学の実験によってちゃんと証明されている。

ダットンとアロンという心理学者がおこなった、有名な〝吊り橋の実験〟といわれるのがそれ。

被験者は男性で、高い吊り橋をわたってもらう。すると、橋の途中で前方から美人があらわれ（もちろんサクラ）、研究に協力してほしいとかなんとかいって、男性に簡単な質問をする。

それで、「この研究に関心があるなら、後日、電話してください」と電話番号のメモをわたすのである。

実験は、橋をわたる前の男性についても同様におこなわれたが、結果は、橋をわたる途中で美人から声をかけられた男性のほうに、後日、電話をかけてきた人が多いことが判明した。つまり、前者の男性のほうがその女性に魅力を感じたのである。

そこで、人間は恐怖感が高まると惚れっぽくなるといえそうだが、厳密にはちがう。つまり、本当は怖くて興奮しているのに、美人をみて興奮したとかんちがいしているだけなのである。

いずれにせよ、恐怖感が高まっているときに惚れっぽくなるのは事実。どうりで、遊園地のジェットコースターにカップルが乗りたがるわけである。

## 彼女をものにする〝じらし〟のテクニック

最近は、〝三高〟に加えて、〝三良〟（家柄が良い、ルックスが良い、性格が良い）も女性にとっての結婚の条件になっている。「結婚難民」とよばれる男性諸氏にはとんでもないご時世になったものだが、そのいっぽうで、うらやましい、いや、うらめしいくらいにモテる男も少なくない。

女性の場合も同じこと。不公平ともいえるくらい、モテる女性とモテない女性の差は大きい。

とはいえ、とりあえずあなたに〝特定の恋人〟がいるとしたなら、相手にあなたのことをもっと好きにさせる、もっとも効果的な方法を伝授しよう。

この作戦は、心理学でいう「認知的不協和理論」を応用したもの。人間は不快なことがあると、なにか理由をみつけ、それを解消しようとする習性があるが、それを利用して、「相手をじらす」という作戦であ

る。

たとえば、あなたが男性だったとして、何度目かのデートのとき、彼女が「今日は、××してもらえるかな？」と期待していたとしよう。しかし、あなたが、その日××しなかったとしたら、どうだろうか。ある程度期待していた彼女にすれば「期待はずれ」と感じ、これが、まず認知的に「不快＝不協和」をもたらす。そして、最初はちょっと落ち込みはするが、そのあとにはこの「不快＝不協和」を解消するために、つぎのふたつのうちどちらかを考えるはずである。

ひとつは「もう、あんな煮えきらない人とは付き合わない！」。もうひとつは「まだまだ私の愛情がたりないのかしら。だったら、もっとあの人を好きになろう！」



後者のようになればシメたもの。相手はもう〝あなたに首ったけ〟である。ただし結果が前者だった場合は、あしからず。

## 落ち込んだときになぜか恋が生まれやすい理由

結婚詐欺の手口にはいろいろあるが、そのひとつに〝落ち込んでいる女性を狙え〟というものがあるという。

恋に破れた、容姿に自信がない、仕事で失敗したなど、理由はいろいろあれど、とかく自信喪失気味の女性は、詐欺にひっかかりやすいというわけだが、これについては、心理学者のウォルターによる、こんな実験がある。

女子大生に性格テストを受けさせ、一回目のテストが終わったらホールで待機させせる。そこに、男子学生を登場させ、さりげなくデートに誘わせる。二回目のテストが終わったところで、女子大生にテストの結果を教え、「さきほどデートに誘った男子学生をどう思うか」とたずねる。

　成績がよかった女子大生は、とくに好意を感じていないと答えたが、成績の悪かった女子大生は、そろって好意をもっていることがわかった。

　もちろん女子大生のテストの成績は、意図的につくられたもの。要は、「人間は落ち込んでいるときには自分を認めてくれる人に好意を抱く」という仮説を証明するための実験だったわけだ。

　ウォルターは、これを「自尊の理論」と名付けているが、結婚詐欺はともかく、こうした事情で結ばれたカップルはけっこう多い？

## 欠点は欠点でカバーできる?!

たとえば、あなたが仲人で、ある男性に

見合いをすすめることになったとする。女性のほうは、お世辞にも美人ではなく、性格も学歴もたいしたことはない。こんな十人なみの女性との見合いを、どうやって成功させるか。

こんなとき、ベテランの仲人は、男性が注目しそうな欠点、たとえば、あまり美人でないということを、あらかじめ説明しておくという。

すると不思議。そういわれた男性は、「会ってみたら美人ではなかった」といってガッカリしなくなるだけでなく、相手の女性の性格や学歴などのマイナス面も、あまり気にならなくなるというのだ。

これは、人間はひとつの欠点を誇張して伝えられると、ほかの欠点にあまり注意を払わなくなるという心理を利用している。



大きなマイナスをあらかじめ知っておけば、小さなマイナスは気にならないということなのだろう。

プラスだと思わせておいて、じつはマイナスだとわかるよりは、この仲人のやり方、ずっと成功率は高そうである。

## 電話の声で相手の性格はこんなにわかる

「百聞は一見にしかず」――。とはいうけれど、私たちははじめて聞く電話の声で、相手の性格をなんとなく判断してしまうことが多い。

逆にいえば、電話で最初にいい印象を与えておけば、あとあといいことも多いということ。アディトンという心理学者は、どんな声の持ち主がどんな性格の持ち主と判断されるかという問題について、つぎのような研究を発表している。

（1）息がまじる弱い声
男性……若い・芸術家タイプ
女性……女性的・美人・陽気・興奮しやすい・薄っぺらい性格

（2）低く太い声
男性……気取っている・現実的・円熟・適応力あり
女性……頭が悪い・なまけもの・野暮ったい・卑しい

（3）早口
男女とも……生き生きしている・外交的

（4）抑揚が大きい声
男性……精力的・女性的・芸術家肌
女性……精力的

（5）平板な声
男女とも……男性的・不精者《ぶしょうもの》・冷たい・引っ込み思案

（6）鼻にかかった声
男女とも……社会的に望ましくない器用な方は、TPOに応じて、使いわけていただきたい。

## 「ブスは三日で慣れる」の心理的根拠は？

世の男性に対する戒《いまし》めなのか、あるいは不美人への励ましなのか、よく「美人は三日みると飽きるが、ブスは三日みると慣れる」といわれる。

まあ、なかには「美人なら一生みていても飽きない」という人もいるだろうが、「ブスは三日みると慣れる」というのは、じつは本当なのだ。

初対面のときは、たしかにブスはブスでしかないかもしれない。しかし、二度目に会ったときは、相手の性格が少しわかってくるし、三度目には、自分と気の合うところも発見できたりする。

　こうなると、ブスであることがあまり気にならなくなる。それどころか、ひょっとすると恋愛の対象になることだってありうるのだ。これは、心理学でいう「熟知性の法則」とよばれるものである。

　別に心理学などもち出さずとも、男性の場合、自分の彼女を思い浮かべれば素直にうなずいてしまう人も多いだろうが、立場をかえれば、〝美女と野獣〟などというカップルが誕生するのも、美女の側が野獣に慣れたせいなのかもしれない。

## ■「結婚詐欺」と「詐欺による結婚」はどうちがうのか?

「結婚詐欺」といえば、男が自分はパイロットだとか弁護士だとか偽って女性に近づき、結婚をチラつかせて（あるいは結婚の約束をして)、金品をだましとるというもの。当然、詐欺師はその女性と実際に結婚はせず、ドロンということになる。

では、「詐欺による結婚」とは何か。言葉の順番が逆になっただけのようだが、これが大ちがいなのだ。

「詐欺による結婚」は、自分の学歴や職業を偽る点では「結婚詐欺」とよく似ているが、女性から金品をだましとるわけでも、結婚前にドロンするわけでもない。つまり、その女性と本当に結婚したくて、自分の過去を偽るのが「詐欺による結婚」なのである。もっとも、過去を偽らなくとも、女性の財産だけが目当てで結婚すれば、これも「詐欺による結婚」になることがある。いずれにせよ、こうした事実が明らかになれば、婚姻届は無効になるが、ここで疑問がひとつ。

もし、女性が整形手術をしていたことがあとでわかった場合は、「詐欺による結婚」になるのだろうか?

## ドライブミュージックで彼女をその気にさせる作戦

今日は、彼女とドライブ。愛車はきれいに磨いたし、コースは湘南、レストランの予約もバッチリ。残すは音楽のみで、あなたのお気に入りのサザンオールスターズのCDを聴かせよう、となったとする。

しかし、もしも、彼女がサザンを嫌いなら、その計画はちょっと待ったである。ここは、自分の好みではなく、あくまでも彼女の好みを優先すべきなのだ。

たとえば、こんな実験がある。女子大生

に、それぞれ好きな音楽と嫌いな音楽を聴かせながら、男性の写真をみせる。その結果、女子大生は、好きな音楽を聴いているときは写真の男性をより高く評価するが、嫌いな音楽を聴いているときは低く評価するということがわかったのだ。

この実験は、心理学者のバーンが打ち立てた「強化・感情モデル」（人を好きか嫌いかという認識は、相手と接しているときの感情によって決まるという仮説）を立証することになった。

理屈はともかく、彼女をその気にさせるには、やっぱり彼女の好みを優先して気分よくさせるのが常道のようだ。

## "別れ上手"な男のこのヤリ口に気をつけよ！

瞬間接着剤も「男と女」も、くっつくのは簡単でも別れるときはたいへんである。

後者の場合、本当のプレーボーイといわれるためには、女性との別れ方も上手でなければならないといわれるが、さて、あなたがある女性に別れの言葉を切りだすとしたら、つぎのどちらの場所を選ぶだろうか。

（1）静かなバー

（2）騒々しい居酒屋

映画や小説では、別れの場面には静かなバーなどが選ばれるが、心理学の教えるところによると、正解は（2）。

別に居酒屋である必要はないが、静かな場所より騒々しい場所のほうが、成功率が高いのである。

人間は自分がのめない話を聞かされるときは反論しようと身構える。女性があなたと別れたくない場合も同じ。あなたが別れ話を切りだすや、泣きわめいたり、食ってかかられたりする可能性が高い。

これは彼女に反論する余裕を与えたからで、では、どういう場所だと反論されやすいかといえば、静かな場所なのである。

その点、騒々しい場所なら、人の声などいろんな情報が飛び交っているため、なかなか反論しにくい。そこで、ふつうなら簡単にのめないようなことにも、ついうなずいてしまいがちなのである。

## 同時に六人の女性と結婚した男のたぶらかし方

日本はいうまでもなく、たいていの国では一夫一婦制を旨としている。フェミニズムの国アメリカも、もちろんそう。だが、そのアメリカで、一九八二年、ひとりの男が重婚罪で逮捕された。

マイケル・スチュワートなる御仁がその人で、彼は一九六〇年の春に一度目の結婚をするや、離婚もせずに、七二年四月、七八年四月、七八年一〇月、八一年四月、八二年四月と、なんと都合六回も結婚していたのである。

六人の妻たちは、彼に別の妻がいることをまったく知らなかったというが、このトリックにはふたつの理由があった。

ひとつは、マイケルは別々の州で結婚していたこと。もうひとつは、彼の職業が長距離トラックの運転手だったことである。

州がちがえば、どうしてもチェックが甘くなる。それに加えて、長距離トラックの運転手という職業柄、長期にわたって家を空けることは不自然ではない。もちろん、仕事だといっては、別の妻のところにいって生活することも簡単にできるというわけだ。



ひとりの妻でももてあまし気味の亭主たちにとっては、六人の妻と聞いただけでゾッとするだろうが、ちなみに、このマイケル、「チビ、デブ、ハゲ」の三重苦だったという。

## 愛娘に、気に食わない男との結婚をあきらめさせるには

あなたに、適齢期の娘がいるとする。ある日、その娘が、結婚したいという男を連れて家にやってきた。みれば、頼りなさそうで、ナヨナヨした男。父親としては、断固としてこんな男に娘をくれてやるわけにはいかない。さて、どうするか？

いちばんいけないのは、「お父さんは、絶対に許さないゾ！」と、有無をいわせず一喝《いっかつ》することである。

というのも、人間は、なんであれ強く禁止されたりすると、自分がやろうとしていることが価値あるように思えてくるところがあるからだ。

　禁止や反対によって、そのことが〝稀少性〟をもち、稀少性のあるものは、ますます価値があるように思えてきてしまうのである。

　じつは、このように恋愛に反対すると逆効果になることを、心理学では〝ロミオとジュリエット効果〟とよんでいる。シェークスピアの悲劇『ロミオとジュリエット』は、愛し合うふたりが、たまたま対立する家に生まれたために結婚を許されず、とうとう自殺してしまうという話だが、彼らは〝許されない恋〟であるがゆえに燃え上がってしまったともいえる。すなわち、相手が美化されていった。

　あなたの娘がジュリエットのように美しいかどうかは別にしても、強い反対は逆効果になることが多いことは知っておいたほうがいい。

## 少しだけ優しい顔にみせる簡単な方法

テレビ、映画、ポスター、カレンダー……。さまざまなところで見かける芸能人、スポーツ選手、作家などの著名人の顔。また、選挙シーズンともなれば、街中に候補者たちの顔写真があふれる。

さて、じつは、人間の顔にはちょっとした秘密が隠されているのをご存じだろうか。もちろん、あなた自身の顔にもである。それは、相手に顔の右半分をみせるか、左半分をみせるかで、その印象がちがってくるというものだ。

人間の顔はけっして左右対称ではなく、だれでも多少ちがっている。

ご存じの方も多いだろうが、脳には、右脳と左脳があり、それぞれ別の役割がある。右脳はおもに感情をつかさどり、左脳はおもに言語と論理をつかさどるというものである。

この脳の役割が、顔には反対にあらわれ、顔の右半分は論理的で冷静な顔、顔の左半分は喜怒哀楽や感性があらわれた顔になるというのである。だから、もしも、あなたが相手にクールな印象を与えたければ、顔の右半分をみせ、優しそうにみせたければ、顔の左半分を意識的にみせるようにすればよいのである。

聞くところによると、女優さんのなかにはこのことをとても意識していて、横顔を撮影されるときは、どんなカメラマンであっても、左側の顔しか撮らせないという人もいるらしい。

## 第一印象が大きくモノをいう理由

つぎの三人の性格的なプロフィールを読んで、どの人がつきあいやすいか考えてほしい。

Aさん……やや覇気に欠けるところが玉にキズですが、誠実なタイプ。非常に温厚なスポーツマンです。

Bさん……スポーツマンで、非常に温厚で誠実なタイプ。やや覇気に欠けるところが玉にキズです。

Cさん……スポーツマンで、非常に冷徹で誠実なタイプ。やや覇気に欠けるところが玉にキズです。

なんだ、三人ともあまり変わらないじゃないかと思われるだろうが、心理学の実験では、たいていの人がBさんがつきあいやすいと思うことがわかっている。

その理由は、Aさんの場合、最初に「やや覇気に欠ける」という性格的な短所が紹介されているから。つまり、人間は最初に

与えられた情報に強く影響されるというわけである。心理学では、こうした心理を「初頭効果」といっている。思いあたるフシのある人も多いのではないだろうか。

たとえば、第一印象である人物を「イヤなヤツ」だと判断すると、なかなかその人物評価がかわらないというのも初頭効果のせいといえる。

また、Cさんは「温厚」のかわりに「冷徹」という言葉で紹介されているが、人は「温かい」「冷たい」という触感的な表現には、非常に敏感なのである。

## 女性を興奮させたかったらこの色をみせろ！

なぜ、女性はファッションに敏感なのか。いうまでもなく、女性はだれでも美しくなりたいと思っているし、そう思うのは、男性から注目されたいという欲望をもっているからだ。

男性にとっても、センスのよいファッションに身を包んだ美しい女性なら大歓迎である。ある男性がそんな素敵な女性と、幸運にもデートをすることになったとしよう。彼はなんとか今夜、彼女を口説きたいと思うのだが、さて、どうしたら彼女をその気にさせることができるだろうか。

そんなときは女性のハートをもっとも刺激してその気にさせる色を利用するのも手だ。色彩心理学によれば、その色は薄紫だという。ある実験によると、薄紫の色をみた女性は、体内の女性ホルモンの分泌が活発になり、性的にも興奮しやすいことがわかっているのだ。

だからといって、某直木賞作家のように髪を薄紫色に染めたり、薄紫色のストッキングをはいたりするのはどうかとは思うが、ラブホテルなどの内装に薄紫色の壁紙が多く使われているというのは、その道の通の意見である。

## 男性はこの色で〝元気〟になる

闘牛の牛は赤い布に興奮するのではなく、ただ揺れている布に興奮しているだけだといわれるが、じつは実際に「赤」という色に興奮する動物もいる。

それは人間。たとえばアメリカでは、アメリカン・フットボールの競技場のロッカールームには、壁を真っ赤に塗ってあるところがあるという。選手たちは、その真っ赤な部屋で闘志をかきたて、興奮がピークに達したときにグランドにでていく。つまり、ここでは赤は興奮剤の役目を果たしているわけだ。

さらに、アメリカの士官学校でおこなわれた実験では、赤い電灯の下では蛍光灯の下より男性の勃起率が高くなることがわかっている。性的な興奮と、闘いの前の興奮は、どちらも男性ホルモンによるものだが、赤はこうしたホルモンの分泌を活発にするようなのだ。

夫婦生活がマンネリ気味の人は、寝室の壁を赤くしてみてはいかが？

## 女性タレントが青い口紅をしていた時代があった？

女性の化粧品は、年々多彩かつ刺激的に

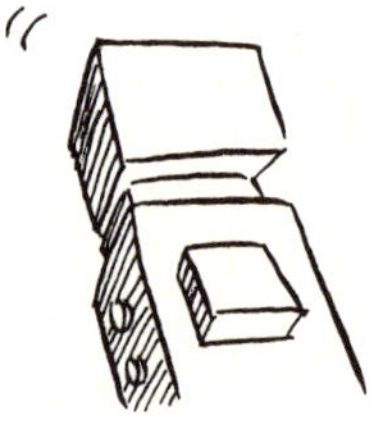

なり、世の男性を驚かせつづけている。

たとえば「口紅」といえば、その文字からしても、赤、朱、ピンクが一般的と考えるだろう。ところが、最近は紫、オレンジをはじめ、青、黒など、およそ「紅色」とはいえない商品も珍しくはないようだ。

ところが、この画期的な青い口紅を、ずっと以前に使っていた人たちがいた。それは、白黒テレビ時代の美人ＣＭタレントたちである。

当時は、まだ映像技術が未熟なために、赤い口紅ではくっきりと映らなかったのである。そこで彼女たちは、すこしでもキレイに映るようにと、あれこれ工夫して、青い口紅だとキレイに映ることを発見したのだろう。

もちろん、そのころは青い口紅などまだ発売されていなかっただろうから、アイ・シャドーかなにかを使っていたのだろうが、こんなトリックを駆使してまで美しくみせようという、女性の「美」に対する執着心は、やっぱりすごい！

## その気にならないメス馬をその気にさせる方法

血統がなにより重視される競馬では、現役時代の成績がよかったオスとメスを交配させて、より優秀な馬を誕生させることが常識になっている。

しかし、これはあくまで人間サマの思わくというもの。馬にも異性の好みがあっても不思議ではなく、メスがその気にならなければ、どんな優秀なオスだってやらせてはもらえない。そんなときはどうするか？

ここに登場するのが〝アテ馬〟である。

〝アテ馬〟とは、メスをその気にさせるオス馬のこと。そのため人相ならぬ〝馬相〟のいい馬が選ばれるというが、当然ながらメス馬がその気になった時点でお役御免。

そして、いざ本番は、成績や血統のいいオス馬が、メスにのりかかるというわけだ。

なんともかわいそうなのはアテ馬だが（その気になったメスもかわいそうではあるが）、これも馬がいわゆる後背位でしかいたさないからできる芸当。人間のような正常位なら、バトンタッチは不可能なのではあるまいか。

## 〝盛り塩〟は、皇帝をひきつけるための仕掛けだった

料理屋などの店先には、〝盛り塩〟といって、塩がピラミッドのように盛られていることが多い。

塩は、いかにも清めのイメージ。魔除《まよ》けかなにかのおまじないだと思っている人も多いかもしれないが、この盛り塩、じつは

古代中国の女たちが、皇帝の気を引こうとしたトリックのひとつだったのである。

当時の中国の皇帝は、何人もの側室をかかえ、順番に夜の相手をするという優雅な日々を送っていた。

しかし、優雅なのは当の皇帝で、それぞれの屋敷で皇帝がやってくるのを待っている側室たちにとっては、つらい日々。彼女たちはだれもが、皇帝の寵愛《ちょうあい》を独占しようと必死だった。

そんな側室のひとりが、ある時、玄関に塩を盛ることを思いついた。

というのも、皇帝はいつも牛車に乗って側室の屋敷に出向く。

塩は牛の大好物。皇帝の牛車の牛が、その塩につられて自分の屋敷の前で立ち止まれば、ほかの側室の屋敷にでかけようとした皇帝も、やむなく自分の家にきてくれると考えたのである。

この計画は、みごと成功。この故事がもとになって、盛り塩は〝客をよぶ〟ためのおまじないになったというわけだ。

## 女性を落とす絶対のコツはこれだ?!

今夜、どうしてもベッドをともにしたい女性がいる。そんな男性には、つぎのトリックを伝授しよう。

それは、相手の女性に耳打ちをするというもの。要するに、なんでもいいから内緒話をするのである。たったこれだけのことで、女性の体には火がつき、もういてもたってもいられなくなるのだ。

そのワケは、耳が体の外に露出している部分では、もっとも敏感な性感帯だからだ。そこに内緒話をすることで熱い息を吐きかければ、たちまち女性の体に快感が走るというわけである。

さらに、めでたくベッドインしてからも、耳への攻撃は有効な愛撫《あいぶ》になる。耳たぶを唇ではさむ、噛《か》む、耳の穴に舌を入れるなどのテクニックを駆使すれば、かならずや彼女は大満足するだろう。

まあ、最初から内緒話ができるような間柄なら、とっくに関係ができているという気もしないではないが。

## 古代ギリシャの女性たちは美のためにこんなことをしていた

人間の欲望の種類というのは、一〇〇〇年や二〇〇〇年ではそうかわらない。男性は女性にモテたいと思い、女性は男性にきれいにみられたいと思うもの。古代ギリシャの女性たちもしかり。たとえば、彼女たちは、自分の肉体を美しくみせるために、つぎのような細工をしていた。

まず、ヒップのまわりはガードルをしめてお尻をもち上げ、さらにオッパイは、たすきのような細いバンドを肩からまわしてもち上げる。すなわち、このオッパイバンドこそ、ブラジャーの元祖といわれている。

ただし、こうしたオシャレは処女にのみ許された。古代ギリシャの詩人ホメロスは「乙女のガードルをほどく」と書いているが、結婚初夜には、花婿は花嫁のガードルをほどき、オッパイバンドを切りほどくのが儀式だったとか。なんとも色っぽいというか、初々しいというか。

しかし、結婚した女性は、こうした工夫はおこなわず、オッパイもヒップもなるべく目立たないようにした。既婚者のほうが慎み深かったのである。

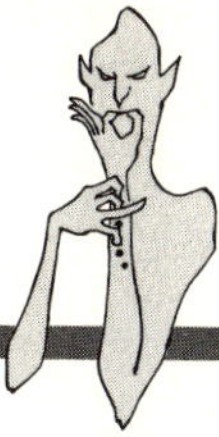

8

▼あまりにも巧妙な〝詐欺〟のトリック

# 詐欺商法に何度もひっかかる人の共通点って？

## ●自殺に見せかけた殺人を他殺と見抜くコツ

たとえば、ここに首吊り死体があるとする。

だれもが自殺だと思うだろうが、名探偵はそう簡単には結論をくださない。死体の首のまわりをよくみて、ひっかき傷があれば、まず自殺にみせかけた他殺と断定するはずだ。

じつは、このひっかき傷、警察の鑑識係ならだれもが知っている「吉川線」というもの。警視庁三代目の鑑識課長、吉川澄一が発見した線で、彼はたくさんの絞殺死体を検視するうちに、他殺の場合は、かならずといっていいほど首のまわりにひっかき傷があることを発見したのだ。

理由は、首を絞められた被害者が、犯人がかけたヒモや手をほどこうともがいているうちに、自分の爪でのどをひっかくからだとわかった。

このほかにも、自殺を他殺と見破る方法はある。たとえば、長い髪の女性の首にヒモがかかっている場合、自殺ならヒモは髪の下にあるが、他殺なら髪の上にあることが多いという。

なぜなら、覚悟のうえの自殺なら、その女性は髪の毛を手であげて、その下にヒモを通すが、殺しのときは、犯人はそんなことにはかまっていられず髪の上から首を絞めるからである。

## 他人のものを法に触れずに自分のものにするには

たとえば、他人のクルマを無断で乗りまわせば、もちろん窃盗罪である。しかし、罪は罪でも、時効まで逃げきることができれば、刑事事件の被告としては訴えられない。

ただし、刑事事件としての時効がすぎても、盗みが発覚すれば、民事事件としてクルマを返すよう訴えられる可能性はある。

しかし、じつはこれにも時効がある。「取得時効」といって、他人のものと知りながら、公然と自分のものとして使用して二〇年が経過すると、なんと法律的にも自分のものになってしまうのだ。

また、土地の場合は、第三者が土地を偽って売りつけられたとき、その事実を知らなかったことが証明できれば、一〇年間で正式に自分の土地になる。

いずれにせよ、盗まれたり、貸したりしたことに持ち主が気づくのが遅れると、持ち主であっても損をすることにはかわりがない。二〇年以上前に友だちに貸したままになっているレコードは、もう戻ってこないのである。

## なんと、離婚歴は戸籍から消せる！

二〇〇三年の日本の離婚件数は二八万件を突破。こうなると離婚は、もはや日常茶飯事ということか。しかし、なかには、再婚相手に自分の離婚歴を隠しておきたいという人もいるにちがいない。

しかし、離婚届をだした以上、戸籍をみれば過去に結婚歴があることは一目瞭然《いちもくりょうぜん》。

さて、どうするか。

じつは、離婚歴を戸籍から消してしまうトリックがあるのだ。やり方は簡単。本籍を別なところに移せばいいのである。

本籍を移すと、過去の夫婦関係は転記されず、まっ白な状態に戻る。文字通り、過去を白紙に戻して再出発することができるのだ。

ただし、転籍前の戸籍は「除籍簿」として残されるため、あくまで相手の過去をチェックしようと思えばできなくはない。

離婚歴を隠そうとするほうが悪いのか、あくまで相手の過去を知ろうとするほうが悪いのか……。



## レースの盲点をついた八百長競輪の手口

競輪・競馬などの八百長の手口というと、本命に手抜きをさせて人気薄に勝たせたり（〝消え〟という）、あるいは実力があるのにわざと人気を落としておいて、試合では勝つ（〝やり〟）などというやり方がポピュラー。

いずれも、結果としては大穴をだしてひと儲けしようという手口だが、関西・中部の競輪場で起こった〝G会事件〟は、八百長の天才が考えだしたといわれるほど巧妙なものだった。

なぜなら、この手口は本命―対抗をそのままゴールに入線させるというものだったからだ。人気のない選手がトップを奪おうとすると、その選手をはさんで妨害するサンドイッチ戦法などを駆使して、人気どおりにレースを仕組むのである。

レースが本命―対抗どおりに決まれば、だれも八百長とは疑わない。まさにレースの盲点というわけで、発覚が遅れたのも無理はない。この八百長を仕組んだ暴力団は、もちろん本命の車券を大量に買って大儲けしていたという。

## 大穴続出の競馬にこんな突飛な謀略が

競馬の八百長事件といっても、これは推理小説の話である。ただし、この推理小説、元女王陛下のお抱え騎手だったイギリスの名手、ディック・フランシスが書いたものだけに、そのリアリティはじゅうぶんだ。

彼の小説には、たいてい競馬界の裏側が描かれているが、〝音〟のトリックが登場するのは、日本でのデビュー作となった『興奮』である。

障害レースで大穴が続出する。大穴をあけた馬を調べても、興奮剤などを投与した形跡はない。では、どうして勝てたのか。それは、以下のようなトリックのせいだった（未読の方は、ここから先は読まなくてもけっこう）。

あらかじめ、馬に超音波の犬笛を聞かせ、同時に火炎放射器で火を吹きつける。馬は恐怖のあまり、ものすごいスピードで疾走する。これを何回かくり返すと、馬は犬笛を聞いただけで、パニックにおちいったように駆けだすようになる。

あとは、実際のレースで、最後の追い込みのときに犬笛を吹くと、馬はたちまち一着でゴールするというわけだ。この犬笛、人間にはほとんど聞きわけられないのがミソである。

## なんと、犬のおかげで解決した殺人事件

動物が探偵役をつとめるというと、赤川次郎の『三毛猫ホームズ』ものが有名だが、イギリスには、こんな話もある。

ある男が、マスチフ犬というイギリスではひじょうに珍しい品種の犬を連れて散歩にでかけ、そのまま行方不明になった。じつは、その男は犯人の家で殺され、その庭に埋められたのだが、犯行のあいだ、マスチフ犬はどこかに姿を消していたというのがトリックの伏線である。

しかし、このマスチフ犬、犯人が男の死体を庭に埋めているときに戻ってきたため、ついでとばかり射殺されて、いっしょに埋められてしまったのである。

目撃者はなく、死体も発見されず、事件は迷宮入りかと思われたが、事件から半年して、犯人はあっさり逮捕される。

犯人を告発したのは、犬だった。

じつは、犯人が犯行におよんでいたとき、姿を消していたマスチフ犬は、近くにいた牧羊犬と一瞬にして恋に落ち、そのとき牧羊犬はマスチフ犬の子供を宿したのだ。半年後、その二世が生まれ、その珍しいハーフの子犬は、犯人の家の近くにマスチフ犬がいたことの証拠になった。すなわち、その飼い主である被害者も同じ場所に

いたことの証拠になったというわけ。

ちなみに、ロイ・ヴィカーズが書いたこの作品のタイトルは、『百万に一つの偶然』である。

## ●未だかつてない、究極の推理小説のトリックとは?

日本でも一年間に出版される推理小説は、翻訳物もふくめると約七〇〇冊もあるとか。世界となると想像もつかないが、これだけ大量の推理小説が誕生すると、トリックの種もしだいになくなってくるのも道理だろう。

トリックの王道といえば、なんといっても〝意外な犯人〟ということになるが、これまで、事件を調べる探偵が犯人だったり、あるいは動物、被害者、裁判官などの〝意外な犯人〟などが誕生して、そのつど世間をアッといわせてきた。

なかでも、一人称で書かれたクリスティーの『アクロイド殺人事件』は、語り手である「私」が犯人で、発表当時はこれぞ!究極の〝意外な犯人〟といわれたもの。が、じつはもっと究極の究極である〝意外な犯人〟は残っている。

それは、〝あなた〟。つまり、その推理小説を読んでいる読者が犯人というものである。

なるほど、本を読んでいただけで「おれが犯人だったのか」と納得できれば、これはものすごいトリックにちがいない。このノーベル賞級の推理小説、成功すれば、世界の推理小説史に名前を残すことまちがいないといわれている。

## 推理小説の定番〝密室殺人〟のバリエーション

なかから鍵のかかった部屋で人が殺されている。しかし、犯人の姿はない——。

密室殺人とは、はやい話がこれだけのことだが、この〝不可能犯罪〟については、多くの推理作家が挑戦している。数々のトリックが考案されているが、つまるところつぎの三つのケースに大別される。

（1）犯行時に犯人が室内にいたケース

部屋からでたあと、どうやって密室にするかがカギ。よくあるのは針金や糸を使ってドアの隙間から鍵をかけるというもの。

（2）犯行時に犯人は室外にいたケース

自分は室外にいて室内の被害者を殺す方法を考えればよい。たとえば、被害者がそれと知らずになにかにさわると、自動的にピストルが発射されるとか、凶器を窓の鉄格子から投げて殺すとか。

（3）犯行時に犯人も被害者も室外にいたケース

ほかの場所で殺し、死体を部屋に運び、あとは（1）のように犯人が密室にしてから脱出するもの。もうひとつは、被害者が外で襲われ、部屋に逃げ帰る。そして、自分でカギをかけたあとに息絶えるというもの（ルブラン『八点鐘』）。

まったく新しいパターンを発見すれば、あなたも推理作家になれるかも。

## 指紋以外にも犯人を特定できるものがある！

犯人が殺人を犯したあと、ドアの把手《とって》な

ど自分がさわった部分をハンカチでぬぐう――いうまでもなく、自分の指紋を消しているのだ。

推理小説などではおなじみの場面だが、もし、犯人が被害者といっしょにコーヒーなどを飲んだとしたら、カップの把手だけでなく、口をつけた部分もきれいに拭《ふ》いておかないと、決定的な証拠を残すことになる。というのも、カップには唇の跡が残されており、これが犯人を特定する証拠となるからだ。

これは「口唇紋《こうしん》」とよばれるもの。口唇紋とは、上下の唇にあるシワやミゾのことで、昭和四四年、東京歯科大学の鈴木和男教授が、国際法医学会で「同一のものは世界にふたつとない」と発表。

さらに、指紋同様、時間がたっても消えないため、科学捜査の重要なポイントになった。

現在では、親子の口唇紋が酷似していることがわかっているため、親子鑑定にも利用されているというが、これを応用すれば、「死体に残されたキスマークが決め手となった――」なんていう推理小説ができそうである。

## 詐欺商法に何度もひっかかる人の共通点って?

古くはネズミ講、最近でも振り込め詐欺などの詐欺商法があとを絶たないが、こうした悪徳商法にひっかかる人は、じつは過去にも同じような悪徳商法にひっかかったことのある人が多いといわれている。つまり、性懲りもなくというわけだが、これは、なにもその人がお人好しだからとか、怠け者だからというだけではない。心理学的にも、もっともな面があるのである。

人間はふつう、印象の薄いささいなことから忘れる。しかし、たとえ印象が強烈なことであっても、自分にとって都合の悪いことは、率先して忘れるという面もある。たしかに、都合の悪いことをずっと忘れないでいたら、そのストレスで参ってしまうというのもよくわかる。

心理学では、こうした心理を〝能動的忘却〟とよんでいるが、詐欺商法の被害にあったことが、「自分にとって都合の悪いこと」なのは事実だ。



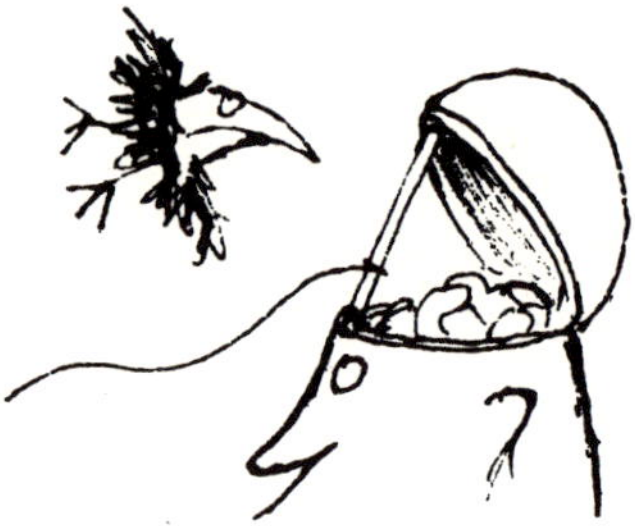

で、コロリと忘れる。そして、また、同じような手口にひっかかる——。

かつて詐欺商法の被害にあった人は、自分にはそういう素質があるということを肝に銘じ、コロリと忘れないことである。

## これがすべてのインチキ商法に通じる共通点だ！

やれ「このツボを買うと幸福になる」とか、やれ「これを飲めばたちまち健康になる」などといって高価な品物を売りつける、インチキ商法のタネは尽きない。それもこれも、インチキ商法についひっかかってしまう人がいるからなのだ。あなたもそんな被害者にならないよう、ここではインチキ商法の共通点を探ることで、その対策を考えてみたい。

その共通点とは、客の「不安」の心理である。

まずは、霊感商法といわれるもの。これは「あなたの印鑑は不吉だ、このままでは不幸が起きる」などといって、客の「不安」を露骨にあおることでインチキ商品を買わせる。

つぎは、健康商法。これもいたって単純である。だれでも程度の差こそあれ、健康に「不安」を抱いているはずで、このツボを突けば、わけのわからない高価な健康食品などを、コロリとだまされて買ってしまう人も多い。

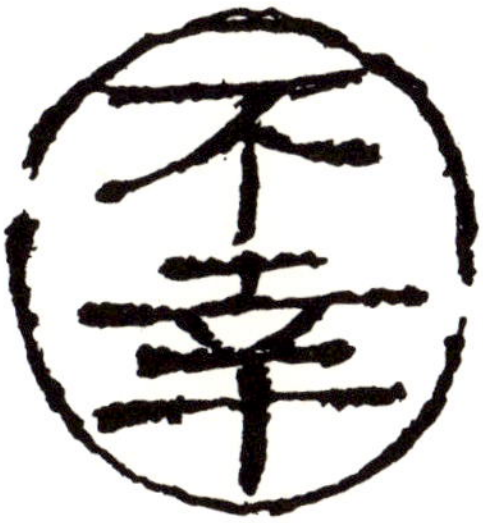


最後は、利殖。小豆相場だ、金相場だと、世の中にはうまい話をいきなり電話でしてくる人がいるが、これも「うまい話に乗り遅れてはいけない→自分だけが損をしているのではないか」という「不安」につけこんでいるわけだ。

結論。いたずらに客の「不安」をあおるような商法は、まずインチキと思ってまちがいない。

## 芸能レポーターは同業者をこうやってダマす

芸能人にとっての敵は芸能レポーターだが、芸能レポーターの敵もまた、同業の芸能レポーターであることは、まずまちがいあるまい。そのスクープ合戦では、つぎのようなだましの手口が使われている。

（1）空港のタラップから、目あての芸能人が降りてくる。飛行機の出口はふたつ。前の出口から目あての芸能人が降りてくるのをいちはやく発見したあるレポーターは、ほかのレポーターたちに、後ろを指差して「あっちだ！」。

（2）事件の渦中にいる芸能人をレポーターAが自宅で単独取材。しめしめと思って家をでると、他局のレポーターBがこっちに向かってくる。

そこでAはBにひと言「留守だったよ」。さらに、「隣の八百屋のオバサンがよく知ってるよ」と情報を提供。そのスキに、Aの意を受けたディレクターが芸能人の自宅に駆け込み、「ほかのテレビ局がたくさんきたから、逃げなさい！」と逃亡の手助けをする。

「熱愛発覚」「電撃離婚」などの芸能ニュースより、こっちのだましっこのほうがずっとおもしろいかも？



## 労多くして報われない〝お釣り詐欺〟の手口

昭和五七年一月、大阪は守口市の喫茶店に、ひとりの男があらわれた。男いわく、

「二～三日前にコーヒーを飲んだんだけど、一万円札をわたして、もらったお釣りが一〇〇〇円たりなかった」

店側としては、頭から疑うわけにもいかず、一〇〇〇円をこの男にわたした。これに味をしめたこの男、本屋では「週刊誌を

買ったんだが……」、薬屋では「絆創膏《ばんそうこう》を買ったんだが……」というわけで、酒屋、タバコ屋、と大阪周辺の町の小売店を八〇軒も行脚することになった。

しかしそのわりには、売り上げ総額は、1000円×80軒＝8万円とわずかだった。なかには証拠としてレシートをもらうために実際の買い物をしたケースもあったと想像されるため、実入りとなるともっと少ないはず。

もちろん立派な詐欺罪で男は逮捕されたが、男は警察官に「みみっちいことをしてバツが悪い」と首をすくめていたという。

## ●推理小説には欠かせない〝アリバイ〟を分析する

江戸川乱歩によれば、「推理小説のトリックは、すべて、なんらかの意味でアリバイを偽造すること」ということになる。アリバイとは「犯行時刻、犯行場所にいなかったこと、またはいることが不可能であったことの証明」（世界大百科辞典）だから、たいていの推理小説にこの要素が謎としてふくまれているのも当然だろう。

江戸川乱歩は、こうしたアリバイ・トリックをつぎの四つのパターンに分類している。

（1）乗り物による時間トリック

●自転車が発明されてまもないころ、当時としては考えられないスピードで犯行現場からまい戻る　●スキーを利用する　●陸をまわれば遠いところを泳ぐ

（2）時計による時間トリック

●時計の針を犯行後に動かして、誤認さ

せる　●鏡に映った時計の文字盤を、ホンモノと誤認させる

（3）音による時間トリック

●消音器をつけたピストルで射殺。あとでニセの銃声を聞かせて、犯行時間をごまかす　●電話やテープレコーダーを利用する　●腹話術や声帯模写を利用する

（4）自然現象を利用する時間トリック

●夏時間と普通時間のかわり目の錯覚を利用　●日付変更線の利用　●日食、月食の利用

今なら、利用できそうなものより、笑えるもののほうが多い？

## ◉あなたのアリバイ作ります

もし仮に、あなたに殺人事件や浮気の疑いがかけられたときでも、アリバイさえあれば、疑いを晴らすことができる。

となれば、アリバイづくりを商売にした会社があったとしても、まったく不思議ではない。

たとえば、地方への出張と称して愛人と浮気旅行にでかける場合、あなたは奥さんに、連絡先としてアリバイ会社が指定した電話番号を教えておく。

奥さんが万が一、そこに電話してきても、「○○さんは、いま重要な会議中です」とアリバイ会社が答えてくれる。

で、その連絡はあなたに届き、会議が終わるはずの時間をみはからって、あなたから奥さんに電話を入れるというわけ。

さらに、出張先のみやげ、地方紙、喫茶店のマッチなどの小道具を用意してくれる

だけでなく、当日の天気までも教えてくれる。

　また、ゴルフの場合は、スコアカードやコンペでもらう賞品までそろえてくれるから、あなたのアリバイはもう完璧。

　もっとも、これで奥さんの目はごまかされるだろうが、ヤバイ事件のアリバイづくりだったら、警察が捜査すれば、すぐにインチキだとわかるはず。

## 小説の〝密室殺人〟にはこんなモデルがあった！

　推理小説の定番中の定番といえば、やはり〝密室殺人〟のトリックである。

　密室の部屋を部屋ごともち上げて大きく揺すり、被害者を打撲傷で殺すとか、鍵に氷で細工して時間がたつと自動的に密室になるように仕組むなど、古今東西の推理作家がさまざまなトリックを発表しているが、そんな密室殺人のモデルといわれているのが、次の事件だ。

　事件が起きたのは、一九世紀のはじめ、フランスはパリである。被害者は、モンマルトルのアパートに住むローザ・デラクールという少女。ある朝、彼女がいつまでたっても起きてこないことを不審に思った管理人が、警官とともにドアを破って部屋に入ったところ、ローザは胸を刺されて殺されていたのである。

アパートの部屋は窓も玄関のドアも内側から鍵がかけてあり、典型的な密室。結局、犯人はどうやってローザを殺し、部屋から脱出したのかわからず、事件は迷宮入りになった。

しかし、この事件がエドガー・アラン・ポーやガストン・ルルーなど推理小説創成期の作家たちの創作意欲に火を付けたことは事実。やがて、彼らは、つぎつぎに密室殺人のトリックを考案。推理小説の人気は一気に花開くことになった。

## 推理小説をそっくりマネた大がかりな詐欺事件

推理小説のトリックには、人間の盲点をついたものが多いが、なかには法律の盲点をついたものもある。

森村誠一の小説『凶水系』もそのひとつだが、昭和五六年、茨城県は水戸で起きた詐欺事件は、この小説に書かれているトリックをそっくり真似したものだった。

発端は、A商事がB医師に土地代七四〇〇万円を払ったのに、名義変更してくれないと、水戸地裁に訴えたことだった。裁判に出廷したB医師はA商事の言い分を認め、めでたく土地はA商事のものになり、A商事は土地を売却、二五〇〇万円の利益を得た。

ふつうならこれで一件落着だが、じつはこの裁判は大がかりな詐欺事件であることが判明した。

というのも、裁判に出廷したB医師は真っ赤なニセモノだったからである。

民事裁判では、出廷した当事者の身元を確認する手続きがおこなわれない。それをいいことに、ホンモノのB医師が知らないあいだに、B医師になりすました無職の男CとA商事社長がグルになり、さも売買契約があったように見せかけたのだ。

こうして一見、土地の所有権争いをしているようにみせ、訴えを審議した裁判所がA商事に「許諾調書」を発行させることで、A商事はまんまと土地の所有権を手中にしたというわけである。

## 服装ひとつで刑を軽くする悪知恵

「人を服装で判断してはいけない」とよくいわれる。しかし、アメリカを震撼《しんかん》させたウォーター・ゲート事件の被告たちをみると、やはり服装は大事だと痛感させられる。〝大統領の犯罪〟といわれたウォーター・ゲート事件は、時の大統領ニクソンとその配下による盗聴事件。アメリカ上院の公聴会には、ニクソン配下のハルデマン、エーリックマンなどの主要人物がつぎつぎに登場したが、そのときの彼らの服装は、そろいもそろってピンストライプだった。

これは、彼らが、テレビ中継される公聴

会の視聴者は、ほとんどが中産階級のインテリだと想定したため。ピンストライプはアメリカのこうした層からもっとも信用を得られる服装なのだ。

公聴会が終わると、こんどはワシントンの裁判所に出頭することになったが、ここで彼らはガラリと変身した。

ハルデマンはそれまでのクルーカットをやめて髪を伸ばした。エーリックマンは、少し日焼けをして、うすいブルーの背広というスタイル。黒人の陪審員が多いワシントンで、公聴会のときと同じスタイルを通すのは、青白きインテリ、エリートといった反感を買いやすいからである。

彼らの刑期が短かったのは、このようなＴＰＯに合わせた服装戦術のせいだともいわれている。



## サイコロ賭博の古典的イカサマの術

かつて一世を風靡《ふうび》した東映のヤクザ映画では、かならずといっていいほど丁半博打のシーンがあった。で、そこでは案の定、イカサマが発覚して、ひと騒動起きるというのがパターン。その手口は、サイコロのなかに小さな鉄の玉などを埋めこみ、でる目をコントロールしているというものが多かった。

しかし、これは初歩的な手口である。実際には、つぎのような巧妙なイカサマもあった。たとえば、特殊な軟膏をサイコロのある面に塗りつけておき、その粘着力を利用してサイの目をコントロールするというもの。さらに、サイコロの目のなかに、ひじょうに少量の黒い粉末を入れておき、その粉末の跡をみて、どんな目がでているかを知るという高度なテクニックもあった。

## こんなインチキトランプをされては勝ち目なし

ギャンブルの本場、欧米のカジノではトランプを使ったギャンブルも多い。ギャンブルにはイカサマがつきものだが、もちろんトランプにもある。

まずは、トランプ自体に仕掛けをしたものとしては、7以下の札の横幅を中央でやや広く、端でやや狭く裁断したもの、裏側の模様に目立たない印をつけたものなどがあり、こうしたトランプが、堂々と発売されているから恐ろしい。

さらに、仕掛けのないトランプを使用する場合でも、爪で印を付けたり、針でついて手ざわりでなんのカードかわかるようにするイカサマ師もいるという。

指先のテクニックを駆使したイカサマとなると、いよいよ素人には見破れなくなる。札を混ぜているようにみせかけて、じつはまったく切れていない〝フォールス・シャッフル〟というテクニックを使ったり、マージャンの積み込みのように、必要な札が自分のところにくるように札を混ぜたり、はたまた、何枚かの札を手の甲や洋服の袖の下に隠したりと、手品もどきのイカサマを駆使する輩も多い。

こんなギャンブラーを相手にすれば、トランプになじみのない日本人はスッカラカンにされてしまうハズ。気をつけるに越したことはない。

## イカサマ麻雀の華麗な手口

電動式の麻雀台が普及してからというもの、あまりイカサマ麻雀という話は聞かなくなったが、四人が手でジャラジャラ牌をかきまわしていたころには、さまざまなイカサマの手口があった。

ひとつは、いわゆる〝積み込み〟である。麻雀のツモが四回に一回まわってくることを利用して、必要な牌をあらかじめ山に積んでおく〝元禄《げんろく》積み〟（その形が元禄模様に似ているため）、配牌のときに必要な牌を全部もってくる〝爆弾積み〟などがあり、名人にかかるとまずわからない。

もうひとつは、〝隠し技〟。つまり、使いでのある中張牌をあらかじめ卓の下などに隠しておく〝エレベーター〟や、牌山から必要な牌をもってくる〝ブッコ抜き〟などの手口がある。いずれも、手品師のような熟練を要することはいうまでもない。

こんなことをされては、配牌であがれる天和（役満）だっていとも簡単にできてしまうが、こうしたイカサマを防止するためには、牌はすべて伏せてかきまわす、サイコロは二度振りをするなどを励行していただきたい。



## 希代の透視能力者はかくしてバケの皮をはがされた

福来友吉《ふくらいともきち》博士という人物をご存じだろうか。元東京帝国大学教授で、日本で最初に超能力をマジメに研究した学者である。

その福来博士が、明治の終わりに、「こ

の男こそ希代の透視能力者」と折り紙を付けた人物がいた。

三田光一なる男がその人物で、彼は鹿児島湾に沈没している松保丸という船に、金の延べ棒が二五〇本も眠っていることを〝透視〟した。事実、潜水夫を雇って調べてみると、本当に金の延べ棒が入っているとおぼしき箱がでてきたのである。

マスコミはこぞって大騒ぎした。しかし、事件は意外な展開をみせた。潜水夫たちがいつまでたっても賃金を払ってもらえないことに業を煮やして騒ぎだし、鹿児島地裁判事の立ち会いのもと箱をあけてみたところ、でてきたのは鉛の塊だったからである。

三田の正体は、詐欺師だった。透視能力者として名をあげれば、金持ち連中から〝資金〟という名で、たっぷり金を吸いとれると考えたのである。

かくして、おりからの〝超能力ブーム〟は完全に去り、福来博士は東大教授を解任されることに。しかし、それでも福来博士は、独自に研究をすすめ、その研究遺産は、出身地の飛騨高山にある福来記念館にひっそりと保存されている。

## あまりにも悪質な手法、ヘッドハンティング詐欺

他社から優秀な人材を集めるために行なわれるヘッドハンティングは、日本でも当たり前のことになってきている。この不況下、終身雇用や年功序列といった慣習がくずれ、会社への忠誠心が薄らいできたからだろう。

しかし、このご時世に、そううまい話がころがっているはずもない。「認めてほしい」という人間心理につけこんだ、ヘッドハンティング詐欺も頻発しているのだ。

詐欺の手口はおおむねつぎのとおりだ。

詐欺師は、ヘッドハンティング会社のスカウトだと名のり、あなたに接触してくる。

「A社が優秀な人材を探しています。一度話を聞いてもらえませんか」というのが、彼らの常套句《じょうとうく》。むろん、A社は、名のある大企業だ。

ところで、と相手はいう。「ヘッドハンティングというのは極秘裡《り》におこなわれなければなりません。話が漏れて引き留めがはじまってはまずいからです。くれぐれも他言はしないでください。A社に直接お尋ねになっても、この話は存在しないことになっています」。



そうして、あなたが話を信じこみ、契約書にサインし、多額の保証金を相手に預けたところで、詐欺師の勝ち。詐欺師は、さっさとトンズラをきめこむだろう。

この詐欺のポイントは、巧みに「ないしょ話」をしかけているところにある。本物のヘッドハンティングも同じように話が進められるので、疑う人はすくない。それに、スカウト話がくるというのは、誰にとってもうれしい話であり、そこに心のスキができてしまう。詐欺師は、その心理につけこむのだ。

最近では、このヘッドハンティング詐欺が、悪質なリストラの方法としてつかわれることもあるという。会社が業者にたのんで、リストラしたい人に声をかけさせ、その人がすこしでも応じると、退職を促す口実にするのだ。やはり、甘い話にのらないよう、ご用心。

## 日本人がまんまとハマる両替詐欺の手口の数々

日本語もたどたどしい外国人が、店にやってきて、両替をしてほしいという。親切に応対してあげたのに、後で気づくと、まんまとだまされていたという事件が続発したことがある。

といっても、簡単な手口で、その外国人が、レジのところまで来て、千円札を五枚みせ、片言のニホンゴで、「五千円札に替えてください」という。外国人は千円札をすぐにはわたさず、レジの女の子から五千円札を受け取ると、五枚の千円札の下に五千円札を重ねて持つ。

そして、「あっ、どうもすみません。一万円札があったら、これと替えてくださ い」といいながら、テーブルの上に、前から持っていた五枚の千円札と、いまもらった一枚の五千円札をならべる。

すると、レジの女の子のなかには、うっかり一万円札をわたしてしまう人もいるのだ。すると、外国人は、「ドーモ、アリガ

ト」と礼をいって、去ってしまうのである。

冷静に対応していれば、だまされる前に気がつくような手口だろうが、混雑する時間帯に来て、片言のニホンゴで話されると、ついついだまされてしまうのだという。

また、日本人は、外国でも、両替サギにだまされることが少なくない。

たとえば、東南アジアやヨーロッパの観光地で、日本円から現地通貨への両替をしてあげようと声をかけられる。レートがいいので応じると、目の前で、お札の枚数を数えてわたしてくれる。ところが、後で気づくとお札が全然たりないのである。じつは、お札を二つ折りにして持ち、同じお札を二回数えてごまかしているのである。

なじみの薄いお札を手際よく数えられると、いとも簡単にだまされてしまうようだ。しかも、その間に、「レートがよくて得した」なんて気をゆるめていると、まんまと引っかかってしまうのである。

# 9

▼いつのまにか心を操る〝色〟のトリック

# 赤と緑の配色が生む この効果を知りなさい！

## 部屋の色使いで会社の売り上げが一変！

オフィスの会議室といえば、白い壁に蛍光灯というのがふつうだろう。ところが、そんなイメージにひとひねり加えた会社がある。

コンピューター・ソフトの開発をしているある会社には、「赤の部屋」「青の部屋」とよばれる会議室がある。どちらの部屋も、壁から床、テーブル、椅子、カーテンまで真っ赤、真っ青にしてある。

母親の胎内《たいない》をイメージした「赤の部屋」では、ゆったりした気分になれるという。ここでは、マーケティング戦略とか、今後の事業展開についてなど、会社の大きな方針が話し合われる。思いついたことをいいあい、なごやかに意見交換をするのにちょうどいい雰囲気だという。

また、「赤い部屋」では、社長はけっして怒鳴らず、昇給、昇進を告げたり、社員の相談に乗るのも、この部屋だという。

この部屋は、オフォスビルの18階にあって、西の窓からは富士山がみえる。その頂《いただき》の向こうへ太陽が沈んでいくころ、社員が集まって、ヴィンテージ物の赤ワインを飲むこともあるそうだ。

いっぽう、海をイメージした「青い部屋」では、予算を決めたり、反省会が開かれる。理詰めでクールになるための部屋で、冷たい数字をはさんで議論することが多い。社長は、この「青い部屋」では、がんがん怒鳴るという。

会議室を色分けした最大の効果は、社員

の動きにメリハリがでたこと。そのおかげで、同社の売り上げは倍々ゲームの勢いで伸びているという。

## 心拍数にまで好影響をもたらす色とは?

そのときどきの気分や感情を色にたとえることがある。たとえば、気が滅入っているときは「ブルーな気分」、うれしいときは「バラ色の気分」などとよくいう。

このように、人は、色にたいして特定のイメージをもっている。そして、そのイメージは、人間の精神に作用し、快・不快の印象をもたらすだけでなく、身体にも影響を与えることがある。

こういうと、一時期話題になった、「赤パン健康法」を思い出す人がいるかもしれない。じっさい、「赤いパンツをはくと健康にいい」というこの話は、単なる迷信とはいいきれない。赤い色には、脳を刺激して、身体の新陳代謝を高める効果が期待できるからだ。

「緑が目にいい」という通説もまた、よく知られている。これは、遠くにある緑の山々を眺めると、目を休めることになるという事情はもちろん、緑がもつやすらぎのイメージが、体の緊張をほぐし、精神を沈静させることを考えれば、じゅうぶん納得のいく説である。

また、緑が身体におよぼす影響を、科学的に検証したつぎのような実験もある。

被験者に3分間、踏み台昇降運動をさせるこの実験は、

①周囲を緑で囲まれた木の下
②遠方に緑がある芝生の広場
③ケヤキ並木
④わずかに街路樹がみえる交差点

の4か所でおこなわれた。

その結果、緑がもっとも多い①の環境のときに、心拍数の回復がもっとも早く、持久率も平均値の1・6倍になることがわかった。

こうした緑のもつパワーを考えると、緑がすくない都会で、人々がイライラしている光景にしょっちゅうでくわすのは、不思議でもなんでもないことに思える。



## 赤と緑の配色が生むこの効果を知りなさい!

緑の中を走り抜けてく真紅なポルシェ――山口百恵のヒット曲、「プレイバックPART2」は、こんなふうに、緑と赤の印象的な対比ではじまる。

また、村上春樹のベストセラー小説『ノルウェイの森』。上巻の赤と下巻の緑のカバーが、書店にいくとひときわ目についたものだ。この色の組み合わせが、あの大ヒットを導いたともされ、以来、赤と緑をつかった上下巻の本が多くでた。

赤と緑の装飾が彩る、クリスマスのころの街の風景が、生き生きとしていて華やかな感じなのはいうまでもないだろう。

このように、赤と緑の配色というのは、視覚を無条件に刺激し、人をひきつけるパワーをもっているようである。いったいなぜなのだろうか？

これは、赤と緑が、色彩学的に「補色」の関係にあるからといえる。カラーガイドの類があれば参照していただきたいが、補色というのは、色味の流れを示した「色相環」という環において、向かい合っている色同士のことだ。要するに、「反対色」である。

こうした、補色の関係にある2色を組み合わせると、それぞれが互いの色を引きたたせる働きをする。そのため、赤はより鮮やかな赤に、緑はより鮮やかな緑にみえるのだ。

また、人間の目は、同じ色ばかり見続けると疲労し、反対色を求めるという傾向がある。互いに補い合う赤と緑のペアには、目の働きを正常に保つ働きもあるのだ。

## 商品がキレイに見える陳列の配色術

色には、①色の波長で赤、黄、青のように変わる「色相」、②白から黒までの、明るさの度合いを表す「明度」、③色の鮮やかさの度合いを表す「彩度」、という3つの分類・性質がある。

ふだんはあまり意識されない、こうした色の性質は、商品のディスプレーを決めるときなどには、大いに役立つ。

商品を並べた棚が、どことなく散漫で雑然とした感じがするのは、色のルールを心得ず、思いつきで陳列したことが原因ということが多い。

色の性質にしたがって並べると、統一感が生まれ、見る人の視線がスムーズに流れるのだ。

色の並べ方の基本は、色の性質の自然な流れに沿ってならべること。「色相」の環は、黄色からスタートして、オレンジ→赤→紫→青→緑、そしてもとの黄色へと一周する。

この色相の流れに沿って、商品を陳列するのがひとつの基本になる。たとえば、黄―赤、青、黄、緑のクルマがあったら、黄―赤―青―緑の順に並べるというわけだ。もうひとつの基本は、「明度」の流れに沿って並べることだ。白系の明るい色から、黒系の暗い色まで、きれいなグラデーションになるように並べるのである。

このように、お客にすべての商品をみてもらうには、色の「流れ」や「リズム」を乱さないことがポイントになる。

赤は目立つからと、棚の途中にポンと並べても、そこだけは目立つが、お客の気は散ってしまう。視線の流れをいかにスムーズにするかが、売り上げを伸ばす決め手になるのである。



## なぜ青い部屋がダイエットに効くのか

ダイエットに何度も失敗した。そういう人は、今度、食事する部屋を青で統一して挑戦してはいかがだろうか。

こんな実験結果がある。

色彩学校の生徒三〇人を男女混合の一〇人ずつのグループに分け、テーブルクロスと照明をそれぞれの色で統一した赤、黄、青の部屋で食事をさせた。

すると、赤の部屋のグループは、もっともよく食べ、陽気におしゃべりした。食卓がいちばん盛りあがったという。

黄色い部屋では、食べるより、おしゃべりに熱中しはじめた。ところが、青い部屋では、食欲もわかないし、おしゃべりもはずまなかった。まるでお通夜みたいな雰囲気になったという。

この結果は、メンバーを入れ替えても、まったく同じだった。つまり、色の持つイメージが、人間の食欲に大きな影響をおよぼしたのだ。

もともと、赤は太陽が輝いている昼間の色。人間の生命は躍動《やくどう》し、食欲も旺盛《おうせい》になる。それに対して、青は夜の色。落ち着き、眠くなる環境では、食欲もわかない。

ということは、テーブルクロスや照明も青で統一した部屋なら、ダイエットにも効果的だろう。食欲がわきにくいから、ついつい食べる量も減り、カロリーをとりすぎることもない。

ただし、専門家によれば、青い部屋といっても、壁も食器も青で統一してはいけない。あまり食欲を抑制《よくせい》しすぎると、かえって間食《かんしょく》に走り、太ってしまうことになるという。

もし姉妹でいっしょにダイエットというなら、黄色い部屋にしてもよい。おしゃべりに夢中になれば、食べる量も自然に減ってくるかも。

## えっ、投手のコントロールはアソコの色で決まる？

色は人間関係や衣食住の環境などに、すくなからぬ影響を与えるが、スポーツにおいては、勝敗を分けるほどのパワーをもつことがある。

たとえば、バレーボールでは、シューズやソックスに白系の色がつかわれる。これは、ジャンプをするときに、軽さを感じる白のほうが、選手に心理的な好影響を与えるからだ。

あるいは、ラグビーのニュージーランド代表チームは、全身黒のユニフォームを着ていることから、通称「オール・ブラックス」とよばれているが、ただでさえ強いこのチームが、重量感をともなう黒いユニフォームを着ると、相手は逃げ出したいくらいの圧迫感を感じることになる。

野球においては、キャッチャーミットの色が、投手の制球力に大きく影響する。プロテクター（背景）とミット（指標）の色の組み合わせでは、①プロテクターが黄でミットが青、②プロテクターが緑でミットが赤、③プロテクターが青でミットが黄というのが、いまのところ制球力を高める組み合わせのトップ3とみられている。

理由は、黄と青、赤と緑がそれぞれ補色の関係にあるため。しかも黄色は、目のレンズ（水晶体）の厚さを変えなくても網膜にピントの合う、認識性にすぐれた色。ミットの色にはうってつけなのだ。

しかし、ミットやプロテクターに、黄色をつかっているプロ野球のチームは、いまのところない。これは、いわば社会的な理由からで、プロ野球ではチームカラーやユニフォームとの兼ね合いも考えなければならないからだ。

もしも、黄色のプロテクターと青のミットで試合をしたら――おそらく、かつてないほど白熱した投手戦になるにちがいない。

## 赤を赤と感じなくなるミステリー

こんな実験がおこなわれたことがある。大きな鉄の球のなかを完全にくりぬいて、

内側を真っ白に塗る。そこを赤い光で照らし、なかをのぞく。まさに、赤一色の世界だが、一時間もみているとどうなるか、というのがその実験である。

結果は、赤みを感じられなくなり、ただぼんやりとした明るさしか感じなくなる。赤一色の世界をみているのに、どうして赤みを感じなくなるのか？

これは、人間が色を感じるのは、視野のなかに複数の色が同時に存在しているということが条件になっているから。つまり、私たちはほかの色と〝比較〟することで、その色を認識しているというわけだ。

雪が降り積もっている風景を、よく一面の銀世界などということがあるが、これもその風景のなかには家があったり、木があったり、白（銀）以外の色がわずかでもあるために、〝銀世界〟と認識できるということ。

太陽も照らさず、影もない雪景色なら（厳密には、こんな風景はありえないはずだが）、私たちは、ただ明るいとしか感じなくなるのである。

## 病院の手術室にはこんな〝仕掛け〟が隠されている

病院といえば、白衣、白い建物、白い壁、白いベッドと、白ずくめの世界と思いがちである。だが、手術室には、ちょっとした色のトリックがかくされているのをご



存じだろうか。

いまから五〇年以上前のこと、ニューヨークのある外科医が、手術をすると、目がとても疲れることが気になった。

なにかの拍子に手術室の壁に目がいくと、光が反射してまぶしい。さらに、その白い壁に青緑色のシミのようなものまでみえてくる。

不安になったその外科医が、色彩専門家のところへいって相談すると、それが、目の異状などではなく、「色残像」あるいは「色対比」といわれる現象のせいだとわかった。

色残像とは、たとえば、黒いものをみつめていると、人間の網膜が疲労し、反対色が浮かんでくる現象。

ここでいう反対色とは、白↑↓黒、赤↑

↓緑といった、光の補色関係（その光どうしが組み合わさると、白くなる関係）のことをいう。

つまり、手術の際、血液の赤色ばかりみていた医者の目に、青緑の残像がうつったというわけだ。

その後、手術室の壁の色も手術着の色も、みな白から青緑色にかえられたことで、外科医の気にしていた色残像はなくなり、また、壁や白衣に光が反射してまぶしかった悩みも解決された。

この青緑色の手術着は多くの病院で採用されることになったが、この色調は、手術の際の緊張をやわらげることもわかり、医療にたずさわるお医者さんや看護婦さんにとっても、また患者さんにとっても、ちょっといい話となった。



## マグロに隠された回転寿司の色彩トリック

回転寿司は、食べたいネタをすぐ手にとれるうえ、アガリもガリもセルフサービス。お客は、着席後30分もあれば、食べ終えて店をでていってしまう。

回転寿司は薄利多売で成り立つ商売であり、店側としては、この短時間のうちに、お客にできるだけ多くの皿をとってもらわなければならない。

そのために、まず客の目の前に常時5～6皿が流れているよう、コンベアの速度が工夫されている。ネタの割合は、3皿がにぎり寿司、1皿が軍艦巻き、1皿が巻物・デザート類。これがもっとも見栄えがよく、食べたいものがかならず目にはいるならべ方だ。

さらに、回転しているネタの配色も、コントロールされている。タイ、スズキ、ヒラメ、イカ、ホタテといった白いネタは、淡泊な味で人気はあるが、こればかりならんでいると、どうしても地味な感じになり、客の食欲をそそらない。コハダ、アジ、サバといった青物も、事情は同じ。

客の目を引き、かつ食欲をそそる色というのは、なんといっても赤である。赤いネタには、エビ、赤貝、サーモン、イクラなどがあるが、やはり王様はマグロだ。このところ、回転寿司では、すそをひきずるような大きなマグロを目にするようになったが、これはサービスのためだけでなく、赤い色のインパクトで、お客の食欲を刺激するのが大きな目的である。



店側の計算ずくとはいえ、お客としてはネタが大きいのはうれしい話。喜んで、その色彩戦略に乗ってみよう。

## 女性は服の色で気分をコントロールする?!

玄関で夫が「おーい、そろそろでかけるぞ」と声をかけると、奥の部屋から奥さんが「もうすこし待ってよ」と返事する。しばらくして夫が「おーい、なにやってるんだよ。もう遅れるぞ」というと、奥さんがイライラした声で「待ってよ。着ていく服が決まらないのよ」。

どこの家庭でも、よく聞かれる会話だろうが、いくつも洋服をだしては、どれにしようかと悩む妻に対して、夫はあまりせかさないほうがいい。女性はせかされて気分が安定しなくなると、ますます服、とくにその色を選べなくなってしまうのだ。

ある調査によれば、女性が赤系統の服を着たくなるときは、陽気、自己主張、攻撃的、気まぐれな気分のときだという。

また、青、グリーンの系統の服を着たくなるのは、安定、勤勉、平和、充実を求めるとき。さらに、茶系統の服を選ぶときは、古風、慎重な気分が優先されるときだという。

だから、気分が安定しないときは、服の色もなかなか決まらなくなってしまうわけだ。

## 春先の山に赤い雪を降らせる自然界のイタズラ

自然界には、よく〝不吉な前兆〟といわれる現象がある。

たとえば、青森県や群馬県、長野県などの山村では「赤い雪が降ると不幸が起こる」という伝説が残っている。海外でも、アルプスには、遭難の前兆として赤い雪が降るというい伝えがあるが、なるほど「雪は白い」というのが常識である以上、赤い雪が不気味で、不幸の前兆と考えられるのも当然かもしれない。

しかし、この赤い雪、タネを明かせば、自然のイタズラにすぎない。春先、気温が上昇してくると、降り積もった雪の表面には薄い水の層ができる。この水はある種の藻のかっこうのすみかになる。

たとえば、クラミドモナス―ニバリスという緑藻の一種もそのひとつ。しかし、この緑藻、ふだんは緑色だが、強い日差しを受けると体内にヘマドクロームという赤い色素を大量に発生する。つまり、この緑藻の赤い色素が、じつは赤い雪の正体だったというわけだ。

こうした藻は、「紅雪藻」ともよばれているが、なかには褐色、黄色、黒色などに変色するものもある。

事情を知っている登山者は、春先の登山では、さまざまに彩られた雪原の風景を楽しんでいる。



## 動物たちの世界では黄色と黒は〝危険のしるし〟

道路の標識で、黄色と黒を使ってあるものがあれば、人は、まず〝危険・注意〟の意味であると想像がつく。

では、なぜ、そう思うのか。それは人類が、長年にわたって黄色と黒を〝危険のシンボル〟に使ってきたからだろうが、さらに〝なぜ黄色と黒か〟となると、どうやら動物や昆虫の世界にまで話を広げなければならないようだ。

たとえば、ハチ。ハチの胴体の模様は、黄色と黒の縞模様だが、ハチはこの模様によって、外敵から身を守っているという。つまり、「私に近づくのは危険です」と訴えているのである。

海のなかでも黄色と黒は有効である。たとえば、ある水族館では、サメの水槽を掃除するとき、係員は黄色と黒の縞模様のウエット・スーツを着るが、これは猛毒をもつウミヘビの柄に似せたものだという。サメは、黄色と黒の縞模様が危険であることを本能的に知っているらしい。

黄色と黒といえば、阪神タイガースのユニフォームを思い出す人もいるだろうが、この伝でいえば、阪神タイガースは、本来ライバル球団から恐れられてしかるべきチームなのである。実際にはどうなのだろうか？

## 闘牛士の赤い布で牛は本当に興奮するのか

日本の国技は相撲、アメリカの国技は野球、韓国の国技はテコンドー。では、スペインの国技はなに？

答えは、闘牛。あんな危険なものが国技とは、ちょっと怖い気もするが、日本の相撲にも人気力士がいるように、スペインでも、マタドールとよばれる闘牛士に人気が集まる。赤い布をひらひらさせて牛を刺激し、興奮させ、とどめを刺す主役の闘牛士である。

ところが、あの赤い布は、本当は牛を刺

激してはいないのである。

赤といえば、刺激的、情熱的な色と感じる人も多いことだろう。だが、それは、人間にとってのこと。

じつは、牛は色が区別できないから、色ではなく、布の動きに反応しているのだ。ちなみに、馬も色がわからないといわれている。また、昆虫や鳥などは色を認識できる動物とされている。

どうやら、闘牛の赤い布は、牛よりも人間を刺激したり、興奮させたりするためのトリックのようである。

## なんと、カラーテレビには映らない色がある！

「家のテレビにゃ色がない、隣のテレビにゃ色がある……」




いまは亡きエノケン（榎本健一＝戦前・戦後にかけて一世を風靡《ふうび》したコメディアン）が昭和四〇年代に歌った、某カラーテレビのCMソングである。

それからカラーテレビもずいぶん進化しているはずだが、じつはそれでも映らない色がある。その色とは、〝黒〟だ。

カラーテレビの三原色は、赤、青、緑。この三つの色の配合によって、さまざまな色をだすが、黒はどう配合してもムリ。

しかし、ドラマの闇夜のシーンはちゃんと黒いし、黒い衣装もちゃんと黒く映っているのはどうしてか。これは、要するに光のコントラストの問題。黒にしたい部分は、極端に明度を落とし、逆にほかの部分の明度を上げると、そこが黒くみえる。つまり、目の錯覚を利用しているのである。

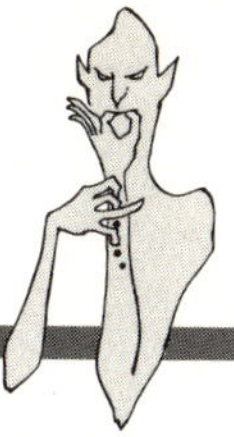

# 10

▼身近で起こる〝不思議現象〟のトリック

# なぜ100℃のサウナで火傷《やけど》しないのか?

## 同じ道でも行きより帰りのほうが短く感じるワケ

「帰りの道は遠かった……」というのは、いささか古い歌の文句だが、実際はこの逆。とくにはじめての道を歩く場合は、行きよりも帰りのほうがずっと近く感じる。同じ距離なのに、そう思ってしまうのはどうしてだろう。

たとえば、こんな研究がある。フランスのポール・フレスという心理学者がおこなった実験で、被験者にパリの街並みを写した写真を何枚もみせる。このとき、同じ時間内でみせる写真の枚数をかえた場合、枚数が多いときのほうが、被験者は時間を長く感じることがわかったのだ。

これをはじめて歩く道にあてはめて考えてみる。はじめての道は、あっちをみたり、こっちをみたり、先の実験でいえば、たくさんの風景写真をみせられたと同じような状態になる。だから、時間が長く感じられる。

いっぽう、帰り道は、すでにみて知っている風景だから、行きほどキョロキョロすることはない。つまり、みている風景写真の枚数が少ないということになり、時間を短く感じる。

ちなみに、年をとると時間の経過がはやく感じられるのも、世間への関心が弱くなり、みようとする〝風景写真〟の数が減ってくるからなのである。

## 「イヤな時間はなかなか過ぎない」というのは本当？

時間に関するトリックでは、楽しい時間ははやくすぎるのに、イヤな時間はなかなかすぎないというものもある。

これに関しては、J・L・フォークとD・ビンドラという心理学者による、つぎのような実験がある。

被験者を、ボタンを押すと音がでるグループ、ボタンを押すと電気ショックを受けるグループのふたつにわける。そして、それぞれ一五秒たったと思ったところでボタンを押してもらう。

結果は、電気ショックを受けるグループは、音のでるグループよりもはやくボタンを押す傾向が強いことがわかった。実験は一〇秒しかたっていないのに、一五秒たったと思う人が多かったのである。

これは、電気ショックという不快なことが待ち受けている場合は、時間が長く感じられるということ。つまり、イヤな時間はなかなかすぎないものだということが証明されたわけだ。

## 〝火事場のバカ力〟を生む体のしくみ

ワーッ、火事だ！　となると、思わぬ力がわいてくることがある。ふだんは絶対にもち上げることのできない金庫を軽々と外に運びだしたり、飛び越えられないはずの塀を飛び越えたり……。

いわゆる〝火事場のバカ力〟というものだが、この体のトリックともいうべきメカニズムにはちゃんとした理由がある。

人間が筋肉を動かすときには、運動神経をとおして脳から命令が伝えられる。たとえば、あるものをもち上げるときには、脳はこの筋肉を使えと命令をだすが、脳というのはよくできていて、あまり過酷な命令をだすと、筋肉にガタがくるため、ちゃんと適度に手抜きをするように命じるのである。ところが、火事のような非常事態になると、脳はいつものように〝手抜き命令〟をだす余裕がなくなる。

そのため、すべての筋肉が全力で活動ということになり、ふだんとはケタちがいの力が発揮されるわけだ。

カエルの実験によると、〝火事場のバカ力〟はふだんの力の約三倍ということがわかっているが、なるほど、それだけの力があれば、人間も一時的にスーパーマンになれるということか。

これで、冒険小説における主人公の驚異的なパワーにも納得がいきそうだが、はたして、その後遺症がどれほどなのかは、あまり知られていない。



## テープレコーダーの声が別人の声に聞こえるのはなぜ?

自分はまんざらでもないイイ男だと思っていても、まわりの人は三枚目だとしか思っていない。じつによくある話だが、自分の「声」となると、この落差はもっと大きくなる。

はじめて自分の声をテープレコーダーに

吹き込んだとき、あなたには、まるで別人の声に聞こえたはず。しかし、そう思ったのはあなただけで、まわりの人は、これこそあなたの声にまちがいないと思っているのである。

その理由は、以下のごとし。人間の声は、声帯で発し、それがノドや口で共鳴することによって大きな声になり、人の耳にとどく。ところが、自分の耳にとどく場合は、その声はさらにアゴの骨や耳のそばの骨と共鳴し、あなたにだけ特別な音になって聞こえるというわけ。

テープレコーダーの声は、自分が思っているより高音であることが多いが、これは、自分の耳にとどく声が、耳のそばの骨の振動によって、低音部が強調されているからだ。



## 胃液で胃袋が溶けないのはなぜか

考えてみれば、不思議なことというのはけっこうある。「なぜコブラは自分の毒で死なないのか」、「なぜ電気ウナギは自分の電気に感電しないのか」。

同様に、「なぜ人間の胃袋は自分の胃液で溶けないのか」、その不思議を考えてみたい。

胃液が食べ物を消化するのは、おもにペプシンというタンパク質分解酵素のはたらきのせいだが、このペプシン、胃粘膜の細胞のなかにあるときは、消化能力のないペプシノーゲンという形で存在している。

しかし、胃に食べ物が入ってくると、分泌されたペプシノーゲンは胃酸にふれてペ

プシンになり、本来のはたらきをするようになる。さらに、胃の細胞にはペプシンのはたらきをおさえる「抗酵素」といわれる物質があり、それがペプシンから胃を守っていると考えられている。

　いくつかの消化液が、バランスよく分泌されることで、体内の胃は守られているのである。

　もっとも、胃を切りはなして体外に取りだすと、胃のタンパク質はその消化液のはたらきによって分解してしまうことがわかっている。



## ビールなら大量に飲めるのに水だと飲めない不思議

　夏のビアガーデンでよくみるのが、大ジョッキを勢いよくあおりながら、アッという間に何杯もあけてしまうビール党の人々。なかには、

「水とビールはそもそも入るところがちがうのさ」

なんていい方をする人もいるが、考えてみれば不思議である。

　このトリックの鍵は、やはりというべきかアルコール分が握っている。

　ビールのアルコール度は五パーセント前

後だが、胃で吸収される性質がある。さらに、アルコールが吸収されるときには、ついでに水の分子もいっしょに吸収されるため、ビールはいくら飲んでもお腹がいっぱいにならないというわけ。

いっぽう、タダの水は、胃では吸収されず、腸までいってはじめて吸収される。しかも、そのスピードはひじょうにゆっくりとしているため、いったん胃がいっぱいになると、もうギブアップ。

ムリヤリつめ込むと、嘔吐反射といって、いっきょに逆流しかねないから要注意のこと。

## 少ない料理でお腹いっぱいに思わせるワザ

突然の来客で、ありあわせの料理しかない。相手はかなりお腹がへっていそうだが、質はともかく量がたりない――。

主婦なら、一度はこんな経験がおありのはずだが、こんなときは、とにかく甘いものを先にだすというのも一法である。

というのも、食べた物は、胃のなかで食べた順に層をなし、最初に甘い物を食べると、直接胃壁に当たって糖反射を起こし、胃の活動が鈍くなってしまうからだ。

こうした現象は、健康な人ほどよくあらわれるというが、ともかく、こうして食欲を抑えてもらおうというわけである。

そういえば、日本では、宴会の前に甘いものがだされることがあるが、これは、少ない料理でご馳走を堪能したと思わせる一種のトリックかもしれない。その点、フランス料理やイタリア料理などでは、ケーキなどの甘いデザートは食事の最後にだされる。さすが、大食漢が多く、〝食べるために生きる〟国民性を反映しているというべきか。

## 空腹をガマンすると空腹でなくなってくるワケ

多忙なビジネスマンには、お腹がへっているのに、仕事が忙しくてつい昼食をぬいてしまうということもままあるのではないか。そうなると、不思議なもので、あれほどお腹がへっていたのもどこへやら、ということが多いが、これはいったいなぜだろう。

この〝体のトリック〟は、じつはたんなる慣れの問題。人間は、匂いや熱さ、空腹感などに対しては、ある程度その状態がつづくとあまり感じなくなるのである。

ただし、断食など長期間にわたって食べ物を食べない場合は、別な理由がある。断食も、しばらくつづけているとしだいに空腹感がなくなるといわれるが、これは、体内の脂肪が分解して、ケトン体という物質がでてくるから。

このケトン体、食欲中枢をマイナスに刺激、つまり、空腹感をなくす作用があるため、お腹がへらなくなるのである。

ちなみに、ケトン体がでるのは、胃が空になってから、二四時間くらいたってからだとされている。



## マラソンで苦痛が快楽にかわるわけ

〝ランナーズ・ハイ〟という現象をご存じ

だろうか。ジョギングやマラソンなどで、最初は苦しくても、走っているうちにしだいに気分がよくなる、つまり、〝ハイ〟になる現象である。

苦しみが快感に変化するとは、まるでSMの世界のようだが、これはたんに趣味のモンダイではなく、れっきとした生理的理由があるのである。

人間の脳には、強い痛みやストレスを受けると、防衛機能がはたらいて、一種の麻薬を分泌するはたらきがある。エンケファリンやエンドルフィンなど、脳下垂体からでる物質がそれで、これらの物質には人間の痛みやストレスをやわらげる作用があるのである。

たとえば、出産のとき、女性のエンドルフィンは通常の六倍の濃度になるというが、つまりはこうして出産の苦しみをやわらげているわけだ。

マラソンやジョギングがなかなか止められないのも、脳が先の麻薬物質で満たされるからで、一種の中毒にも似た症状といえる。

## なぜ100℃のサウナで火傷《やけど》しないのか?

石川五右衛門の最期は、ご存じ〝釜ゆでの刑〟。煮えたぎる熱湯のなかに入れられるという、ムゴイ方法だった。

熱湯の温度はご存じのように摂氏一〇〇

度。ところが、同じ摂氏一〇〇度でも、平気どころか気分爽快になる風呂がある。そう、サウナである。

水だろうと空気だろうと、一〇〇度は一〇〇度。それなのに、どうしてこんなにもちがうのか。

ひとつは、湿度のちがいである。湿度一〇〇パーセントなら、たとえサウナでも大ヤケドしてしまうが（湿度が高いと、それだけ熱伝導率が高くなるから）、実際のサウナは一〇〜五パーセントとひじょうに乾燥しているのだ。

もうひとつは、汗である。サウナに入ると、それこそ滝のように汗がでる。その量は、一分間に四〇ccにもなるというが、この汗には、ご存じのように気化熱で体温を調節するはたらきがある。



具体的には、一ccの汗につき、約〇・五八カロリーの熱が奪われるといわれ、これがヤケドをしない大きな理由というわけである。

## 社長らしい顔はどうやってつくられるのか

「三〇歳になったら、男は自分の顔に責任をもて！」とはよく聞く言葉。また、「男の顔は、仕事がつくる」ともいわれる。

ビジネスマンの顔というのは不思議なもので、たしかに「課長です」といわれれば、なるほど課長らしく見え、「部長です」といわれれば、やっぱりそうだったかと納得させられるような人が少なくない。

さて、いっしょにするのはいささか失礼かもしれないが、あるアメリカの研究者が、猿のボスについて調べたこんな報告がある。

一頭のオス猿がボス猿になったとたんに、神経伝達物質のひとつ、セロトニンの分泌量が二倍に増えていることがわかった。さらに、このセロトニンは、仲間の信頼の厚いボス猿ほど多く、あまり仲間から慕われていないボス猿には少ないという事実も判明した。人間の場合でも、大学のサークル活動でリーダーをつとめている学生と、そうでない学生の血液中のセロトニンを調べた結果、同様にセロトニンの量に変化がみられたという。

どうやら、猿も人間も、環境や周囲の状況によって、体のなかの分泌物の量が変化してしまうものらしい。

仕事や立場によって外見や、ときには性格までもかわってしまうのは、このためなのである。



## ほかの星はみな動くのに北極星だけなぜ動かない？

その昔、地図も磁石もないころ、旅人たちは北極星をみて方角を知った。なぜなら、北極星の位置はいつも同じで、つねに北にあるからである。

ここで「あれ、おかしい？　地球は自転しているはずで、だから星座の位置もかわるのではなかったか」と思った人は、小学校の教科書をもう一度めくっていただきたい。

たしかに、地球は自転しているから、星の位置は刻々とかわってみえる。しかし、北極星の位置がいつも同じなのは、北極星が地球の地軸のちょうど真上にあるからなのである。

地軸とは北極と南極をつらぬく軸のことで、地球はこの地軸を中心に自転している。その地軸の真上というか、はるか延長線上にある北極星が動かないようにみえるのは、当然なのである。

## カラスはなぜかかしの正体を見破ってしまうのか?

かかしとカラス――この戦いは、あっさりカラスに軍配があがってしまうのはどうしてだろうか。

なるほど、最初はカラスもかかしをみて退散する。しかし、しばらくすると、かかしはカラスのかっこうの止まり木に。まったく、人間サマの知恵もバカにされたものだが、これにはもっともなワケがあるのだ。

これは、カラスがかかしの正体を見破ったからというより、かかしから人間のにおいが消えたせいだといわれる。

かかしは、たいてい人間の古着を着せられる。古着には、当然ながら人間の体臭がしみついているから、カラスは近づかない。ところが、雨や風にさらされるうちに、人間の体臭が消えてしまう。こうなると、カラスにとって、かかしはたんなる止まり木と化してしまうというわけだ。

## ハエが考え出したわが身を守る窮余の策

動物や昆虫の世界は、弱肉強食がモットーである。しかし、だからといって、弱いものがいいように強いもののえじきになっているわけではない。彼らも生活がかかっているわけで、そう簡単にやっつけられてもいられないのである。

たとえば、北アフリカに分布しているある種のハエは、つぎのような手段で自分の身を守る。

天敵であるハエトリグモがこのハエに近づいてきたとする。すると、このハエ、やにわに黒い筋の模様の羽を広げ、左右に敏《びん》捷《しょう》に動きはじめるのだ。

この羽の模様と一連のアクションが、じつは天敵ハエトリグモとそっくりというのがミソ。

すると迫ってきたハエトリグモは、仲間だと錯覚し、縄張りを荒らすのは失礼とばかり、さっさと退散してしまう。

つまり、天敵のものまねをすることで、難を逃れるというわけ。まさに、芸は身を助ける――。

## 風に乗って進むヨットが風速よりもはやく走る秘密

ヨットというのは、エンジンの力ではなく、風の力を利用してすすむのはご存じのとおり。ということは、ちょっと考えると、ヨットは風速以上のスピードでは前に進めないような気がしませんか？

しかし実際は、風が弱くても、ヨットは風速以上のはやさですすむことができる。このトリックは、ちょっとした物理の知識があれば、簡単に説明できる。

ヨットは、風が弱いときには、風に対して帆をほぼ平行に近い斜めの角度に張るのが常識。なぜなら、帆の前面（風を受けている側）では、風がはやく流れるため気圧が下がるのに対し、帆の後面では風がゆっくり流れるため前面より気圧が高くなるから。空気は、気圧が高いほうから低いほうに流れるから、これがヨットを前進させる力になるというわけ。

ヨットは風に流されているのではなく、風を何倍にも利用しているのである。

## 〝マナ板の鯉〟を往生させる板さんの小細工とは

あとは殺されるの待つのみ、もうどうにでもしてくれ――という半ば開き直った心境を、よく〝マナ板の鯉〟という。

事実、マナ板にのせられ、いよいよ料理されるというときの鯉は、ほとんどジタバタしない。

いさぎよいというか、たとえば、頭にキリを打たれるまで暴れまわるウナギなんかとは、えらいちがいである。鯉が、品格があり、また縁起のいい魚ともいわれる所以《ゆえん》だが、じつはこのような鯉の往生際のよさには、ワケがある。

それは、板前さんによるちょっとしたトリックとでもいえるだろうか。鯉をマナ板にのせると、包丁の背中で側線をなでるのである。

側線とは、魚の体の脇にある特殊な感覚器のこと。ここをなでられると、鯉はいとも簡単に失神してしまうのだ。

かくして、鯉は苦しむことなく往生でき、板前さんも調理がしやすいというわけである。

## 塩鮭の塩抜きには こんなテクニックを！

塩辛い塩鮭をおいしく食べたい。こんなときのテクニックが〝塩ぬき〟。しかし、なかには、単に真水につけておけば塩がぬけると勘ちがいしている人もいる。

たしかに真水につけておけば塩はぬけるが、これでは魚が水っぽくなりすぎて風味も失われる。こんなときは、薄い塩水につけるのが、〝おばあちゃんの知恵〟というものである。

塩辛い魚を塩水につけるなんて、と思う人もいるかもしれないが、中学の理科の時

間で習ったように濃度がちがうものを一緒にすると、濃いほうから薄いほうへ成分が流れる。

これすなわち、〝浸《しん》透《とう》圧《あつ》〟を利用したトリックというわけである。

この塩ぬきをするための濃度の薄い塩水のことを、昔から、〝よび塩〟といっているが、こうすれば、魚も水っぽくならず、適度に塩味が効いた、風味ある魚に変身する。

## 動物の赤ちゃんが〝生みの親〟を勘違いする不思議

たとえば、あなたが生まれたばかりの子猫をもらってきたとする。あなたは、子猫

をまるでわが子のようにかわいがるだろうが、それ以上に子猫のほうは、あなたのことを〝生みの親〟だと思っているかもしれない……。

なんとも泣けてくる話だが、このトリックは、多くの動物の赤ちゃんにとって、親とは彼らが最初にみた〝動くもの〟、ということを考えればおわかりのはずだ。

たとえば、生まれたばかりのサルの赤ちゃんに、母ザルのかわりに電気仕掛けのぬいぐるみのサルをみせると、赤ちゃんはそれを母親だと思い込む。そして、あとから母親と対面させても知らん顔をする。

ヒナ鳥も同じ。人間だろうが、オモチャだろうが、最初にみた〝動くもの〟が、彼らにとっては親なのである。

こうした現象は〝すりこみ〟とよばれるもの。つまり、多くの動物は、最初にみた動くものを母親と思い込むよう、本能に〝すりこまれて〟いるわけである。人間の社会でも、「生みの親より、育ての親」とか、「氏より育ち」などといわれるが、動物の場合は、もっと極端というわけだ。

＊　＊

世の中にしくまれたさまざまなトリック。その戦略にひっかかるのを楽しむものもあれば、だまされないように気をつけなければならないものもあります。

だましだまされの世の中を、本書を参考にしたたかに渡っていってください。



※本書は、河出書房新社から刊行された『トリックの不思議』『新トリックの不思議』『だましのカラクリをバラしちゃう本』（いずれもＫＡＷＡＤＥ夢文庫）を再編集したものです。

**博学こだわり倶楽部**
互いの知識を競いあう、驚くほどの博学集団。メンバーは、常人が気にもとめない世の森羅万象にこだわり、その解明のために東奔西走して追究する。著書には『かなりHな大疑問』『雑学の神様 頭がよくなる300連発！』『だましのカラクリをバラしちゃう本』『雑学の缶づめ』『どんどん頭がよくなる博学知識塾』『雑学王話のネタ400連発』（小社刊）などがある。

# トリックにはご用心！

二〇〇五年四月二五日　初版発行
二〇〇五年九月二〇日　2刷発行

著　者……博学こだわり倶楽部［編］

企画・編集……夢の設計社
東京都新宿区山吹町二六一〒162-0801
☎〇三-三二六七-七八五一（編集）

発行者……若森繁男
発行所……河出書房新社
東京都渋谷区千駄ヶ谷二-三二-二〒151-0051
☎〇三-三四〇四-一二〇一（営業）
http://www.kawade.co.jp/

印刷・製本……中央精版印刷株式会社

Printed in Japan ISBN4-309-65015-5
定価は表紙に表示してあります。
落丁本・乱丁本はおとりかえいたします。